रवीन्द्रनाथ टैगोर की सूक्तियां

गुरुदेव रवीन्द्रनाथ ठाकुर विश्व के महान साहित्यकार हुए। उन्हें सर्वोच्च नोबल पुरस्कार से नवाज़ा गया। उन्होंने जो भी लिखा या बोला वह अनूठा है। उसी में से कुछ ऐसे वाक्य भी सामने आए, जो सूक्तियों के रूप में अमर हो गए और जन-जन के मुख पर चढ़ गए।

यह संकलन उन्हीं सूक्तियों से तैयार किया गया है। इन्हें याद करके हम अपने को हर क्षेत्र में विद्वान साबित कर सकते हैं। लेखन, संपादन, भाषण, प्रतियोगिता, वाद-विवाद, साक्षात्कार और परीक्षाओं में इन सूक्तियों का प्रयोग बेहद उपयोगी सिद्ध होगा।

ये महान वचन आपके लिए श्रेष्ठ दिशा तय कर सकेंगे, जो आपको सफल बनाने में सक्षम होंगे।

हिन्द पॉकेट बुक्स द्वारा प्रकाशित
डिक्शनरी एवं सूक्ति कोश

सूक्तियां

- अमर सूक्ति कोश
- गांधी जी की सूक्तियां
- महापुरुषों की सूक्तियां
- नेहरू की सूक्तियां
- प्रेमचंद की सूक्तियां
- रवीन्द्रनाथ टैगोर की सूक्तियां

डिक्शनरी

राजबीर सिंह 'दार्शनिक'

- सरस्वती मुहावरा कोश

डॉ. विनोद कुमार

- वाणिज्य शब्दकोश
- शेयर बाज़ार शब्दकोश

हिन्द पॉकेट बुक्स

देश-भर के प्रमुख रेलवे, रोडवेज व अन्य बुक स्टालों से लें, न मिलने पर हमें लिखें।

जे-40, जोरबाग लेन, नई दिल्ली-110003

रवीन्द्रनाथ टैगोर की सूक्तियां

सम्पादक

राजवीर सिंह 'दार्शनिक'

हिन्द पॉकेट बुक्स

हिन्द पॉकेट बुक्स
भारत की सर्वप्रथम पॉकेट बुक्स

उत्कृष्ट साहित्य का प्रतीक
सुन्दर • सुरुचिपूर्ण • सरल

रवीन्द्रनाथ टैगोर की सूक्तियां (सूक्तियां)

प्रथम संस्करण : 2012
प्रकाशक : हिन्द पॉकेट बुक्स प्राइवेट लिमिटेड
जे-40, जोरबाग लेन, नई दिल्ली-110003
टाइपसेंटिग : स्केनसेट, नई दिल्ली-110003
मुद्रक : साई प्रिंटो पैक प्रा. लि., नई दिल्ली-110020

RABINDERNATH TAGORE KI SUKTIYAN (Quotations)
Edited by Rajveer Singh 'Darshanik'

ISBN 978-81-216-1734-5
12/12/01/08/20/SCANSET/DE/SPP/SPP/NP110/NP110

रवीन्द्रनाथ टैगोर

रवीन्द्रनाथ टैगोर का जीवन-वृत्त

रवीन्द्रनाथ टैगोर का जन्म कलकत्ता नगरी के जोड़ा-सांकों परिवार में 6 मई, 1861 में हुआ। इनका परिवार प्रतिष्ठित, सुशिक्षित और सुसंस्कृत था। इनके पितामह द्वारकानाथ ठाकुर अंग्रेज़ों के समकक्ष एक प्रिन्स की तरह थे। इन्होंने राजा राममोहन राय के समाज-सुधार आंदोलन में सहयोग दिया था। और उनके द्वारा स्थापित ब्रह्मसमाज में आस्था व्यक्त की थी। इनके तीन पुत्र हुए – देवेंद्रनाथ, गिरींद्रनाथ और नगेंद्रनाथ। रवीन्द्रनाथ, देवेंद्रनाथ के पुत्र थे।

देवेंद्रनाथ ठाकुर महान समाज सुधारक, संत-महर्षि थे। उनका जीवन ऋषि का जीवन था। उनके चिंतन के केंद्र में ऋषियों जैसा ही अध्यात्म था। राजा राममोहन राय द्वारा स्थापित एकेश्वर संप्रदाय को महर्षि देवेंद्रनाथ ठाकुर ने बढ़ाया। उन्होंने ब्रह्म धर्म पर कई पुस्तकों की रचना की। ऋग्वेद और उपनिषदों को बंगला में अनूदित किया। वे संस्कृत, बंगला, अंग्रेज़ी और फ़ारसी के ज्ञाता थे।

रवीन्द्रनाथ की प्राथमिक शिक्षा किसी स्कूल में न होकर घर पर ही संपन्न हुई। उन्हें घर से बाहर जाकर स्वतंत्र रूप से कहीं घूमने का भी अधिकार नहीं था। प्रत्येक विषय के अध्यापक घर आते थे और रवीन्द्रनाथ को पढ़ाते थे। साहित्य, संगीत चित्रकला, अभिनय आदि सभी विषय घर पर ही पढ़ाए गए थे। उनके घर विद्वानों, गायकों, कलाकारों की भीड़ लगी रहती थी। महर्षि देवेंद्रनाथ का

हृदय उन सब विद्वानों के लिए खुला था। बचपन से रवीन्द्रनाथ उन विद्वानों से प्रभावित होने लगे थे और उनके अंदर उन कलाकारों की विधाएं अंकुरित होने लगी थी। जब उन्होंने बारहवें वर्ष में प्रवेश किया तो उनका 'उपनयन संस्कार' करा दिया गया। अब वे गायत्री मंत्र का विधिवत जाप करने लगे थे और वैदिक विधि के अनुसार संध्या-उपासना करना अब उनके जीवन का नियमित क्रम बन चुका था। उन्होंने यद्योपवीत के उपरांत वेद, उपनिषद् आदि का अध्ययन शुरू कर दिया था। इन वैदिक ग्रंथों के अध्ययन से इनके जीवन में आत्म-स्वांतः की भावनाओं का उदय हो चला था और उसके साथ ही वे भारत की स्वतंत्रता के प्रति संवेदनशील होते चले गए थे। इसी समय उनके मन में भारतवर्ष की गुलामी के प्रति विद्रोह की चिंगारी भी प्रस्फुटित हो गई थी।

प्रकृति के प्रति आसक्ति की भावना उनके मन में हिमालय-भ्रमण से हुई थी। वे अपने पिता देवेंद्रनाथ ठाकुर के साथ हिमालय की ओर प्रस्थान हुए और बिहार, बंगाल, उत्तर प्रदेश के नगरों से होते हुए पंजाब पहुंचे। इस यात्रा में जहां उन्हें लोक-जीवन का अनुभव प्राप्त हुआ वहां उनको कई स्थानों पर संतों के सत्संग का भी लाभ प्राप्त हुआ। जहां उन्होंने संस्कृत के अध्ययन में पूर्ण समर्पण किया वहां हिमालय की श्रेणियों के अद्भुत प्राकृतिक दृश्यों से वे अभिभूत हुए बिना न रह सके। जब वे हिमालय यात्रा से लौटे तो उन्होंने स्वयं को प्रकृति के उपासक के रूप में पाया।

जब रवीन्द्रनाथ तेरहवें वर्ष में थे तो उनकी माता का निधन हो गया। उनके जीवन में मां के अभाव को उनके बड़े भाई ज्योतिंद्रनाथ की पत्नी कादंबरी देवी ने पूरा किया। उन्होंने रवीन्द्रनाथ को पूर्ण निष्ठा से अपने पुत्र की भांति अपने आंचल की छाया में पाल-पोषकर मानवीय मूल्यों से समृद्ध किया। पंद्रह वर्ष की अवस्था में उनका

जीवन एक अध्येता का जीवन था। उस समय वे कालीदास के 'मेघदूत', कुमारसंभव' और 'शकुंतला' में सबसे अधिक रुचि लेते थे। उनकी भाभी कादंबरी इस अध्ययन के कार्य में उनकी सहायता करती रहती थी और कुछ नया रचने के लिए प्रोत्साहित करती रहती थी।

1879 ई. को रवीन्द्रनाथ ने विलायत के लिए प्रस्थान किया और लंदन में डॉ. स्कॉट के परिवार में रहने लगे। कुछ ही समय में वे इस परिवार से इतने घुल-मिल गए कि उस परिवार के सदस्य जैसे हो गए। श्रीमती स्काट उन्हें अपना पुत्र मानने लगी। यद्यपि अपने लंदन निवास में उन्होंने अंग्रेज़ी साहित्य का अध्ययन किया और अंग्रेज़ी संस्कृति को अति निकट से देखा, परंतु अपनी वैदिक मान्यताओं पर इस पाश्चात्य संस्कृति का आधिपत्य नहीं होने दिया। उनके अंग्रेज मित्र भी उन्हें वैदिक संस्कृति से अलग नहीं कर सके। आखिर सत्रह महीनों के लंदन प्रवास के बाद वे सन् 1880 में स्वदेश लौट आए।

जब रवीन्द्रनाथ ने चौबीसवें वर्ष में प्रवेश किया तो उड़ीसा की एक रियासत की सौभाग्यवती मनतारिणी देवी के साथ विवाह-बंधन में बंध गए। मनतारिणी देवी अनपढ़ थी, अतः रवीन्द्रनाथ ने घर पर उसे पढ़ाना-लिखाना शुरू किया और उसका नाम परिवर्तित कर मृणालिनी रख दिया। वे विवाह की सुखद कल्पनाओं को साकार कर ही रहे थे कि एक शौक़ की घटना ने उनकी कल्पनाओं को झकझोर दिया। उनकी माता-तुल्य भाभी का उसी अवधि में निधन हो गया। उनकी मृत्यु ने इनके संपूर्ण अस्तित्व को हिला दिया। वे मृत्यु के इस भयानक पक्ष पर चिंतन करते-करते ऐसे बिंदु पर पहुंच गए, जहां उसे मृत्यु जीवन की सूक्ति का माध्यम प्रतीत होने लगी, तब उनके प्राणों पर गहरी शांति छा गई। इस शांति ने ही उन्हें एक कवि, दार्शनिक और साधक बना दिया।

इस अवस्था में रवीन्द्रनाथ साहित्य के महान् उपासक के साथ-साथ समाज सुधारक भी हो गए। वे राजा राममोहन राय द्वारा स्थापित सुधारवादी धार्मिक संस्था ब्रह्मसमाज के मंत्री बनाए गए। ब्रह्मसमाज के मंच से उन्होंने धार्मिक पाखंडवाद को चुनौती दी और उस समय के साहित्य के महान् सृष्टा तथा सनातन धर्म के प्रचारक बंकिम बाबू से भी टक्कर ली। समाज के खोखले आदर्शों पर व्यंग्य करते हुए उन्होंने बाल-विवाह का विरोध किया तथा नारी के अधिकारों को दिलाने के लिए सशक्त आवाज उठाई।

रवीन्द्रनाथ टैगोर प्रगतिशील विचारों के समर्थक थे। वे भारत की संस्कृति से प्यार अवश्य करते थे, लेकिन जो संस्कृति विकृति में परिवर्तित हो चुकी थी उनका प्रत्याखान करने से भी वे नहीं चूकते थे। वे पश्चिमी देशों की नारियों की स्वतंत्रता से प्रभावित हुए थे। जब वे दूसरी बार लंदन गए और यूरोप के कुछ देशों के भ्रमण के लिए निकले तो वहां नारी के मुक्त जीवन को उन्होंने सुंदर जीवन कहा था और उनकी तुलना में भारतीय नारी के संकीर्ण विचारों से 'बंद जीवन' को अपने लिए आहतकारी माना था। उन्होंने कहा था, "यूरोपीय नारियां स्वतंत्रता मात्र की अधिकारिणी होने के कारण राष्ट्र को सबल बनाने में सहायक होती हैं। दूसरी ओर भारतीय नारियां एकमात्र पुरुष की सेवा-भक्ति से क्षीण बन जाती हैं।"

1901 में रवीन्द्रनाथ ने शांति निकेतन में 'ब्रह्मचर्याश्रम' विद्यालय की स्थापना की जहां उपनिषद्‌कालीन शिक्षा दी जाती थी। विद्यालय में निःशुल्क पढ़ाई होती थी और साथ में भोजन का प्रबंध भी निःशुल्क था। इस प्रकार से व्यय अधिक था और आर्थिक स्रोत सीमित थे, लेकिन रवीन्द्रनाथ निराश नहीं हुए। उन्होंने विद्यालय का खर्च चलाने के लिए अपना मकान तक बेच दिया और उनकी पत्नी मृणालिनी ने अपने आभूषण भी बेच डाले। रवीन्द्रनाथ और उनकी पत्नी के

बलिदान की बुनियाद पर स्थापित वह 'ब्रह्मचर्याश्रम' विद्यालय आज 'विश्व-भारती' के नाम से विश्व में प्रसिद्ध है।

त्याग और बलिदान का जीवन लंबा नहीं होता। 23 नवंबर, 1902 को मृणालिनी देवी संसार से चल बसीं। उनकी मृत्यु रवीन्द्रनाथ के लिए आघातकारी थी, लेकिन अभी उनके जीवन की त्रासदियों का अंत नहीं था। मृणालिनी की मृत्यु के छः महीने बाद उनकी प्यारी पुत्री रेणुका भी हमेशा के लिए चली गई। रेणुका की स्मृति में उन्होंने 'नौका डूबी' नामक उपन्यास लिखा।

रवीन्द्रनाथ के शौक़-संतप्त हृदय से अब देशभक्ति के गीत भी निकलने लगे थे। ये गीत बंगाल के आंचलिक गीत न रहकर संपूर्ण भारत में गूंजने लगे थे। 1912 में उनका अमर राष्ट्रगीत 'जन गण मन अधिनायक जय हे' लिखा गया। यह गीत सबसे पहले इंडियन नेशनल कांग्रेस के छब्बीसवें अधिवेशन में गाया गया था। इनके अतिरिक्त उनके जीवन के दुःख-दर्द आंसू में गीत बनकर झरते रहे, जो अंत में उनके प्रसिद्ध काव्य-ग्रंथ 'गीतांजलि' में प्रकाशित हुए। यह वही गीतांजलि है जिसे नोबेल पुरस्कार प्रदान किया गया है।

7 अगस्त, 1940 को ऑक्सफोर्ड विश्वविद्यालय में टैगोर को डॉक्टरेट की उपाधि प्रदान की गई। इस उपलब्धि से प्रोत्साहित होकर एक विशेष दीक्षांत समारोह शांति निकेतन में मनाया गया। प्रशस्ति में रवीन्द्रनाथ को संपूर्ण कला देवियों का सबसे प्रिय पात्र कहा गया है, लेकिन इस उपलब्धि के साथ ही रवीन्द्रनाथ के समक्ष स्वास्थ्य-समस्याएं अपना विकराल रूप दिखाने लगी थीं। हिमालय पर स्थित कलिंपोंजू में वे बीमारी के दौर से गुजरने लगे। उनका दो महीनों तक इलाज चला, लेकिन स्वास्थ्य में सुधार न हो सका। वे शांतिनिकेतन लौट आए, लेकिन रोग-शय्या से उठ न सके। अचानक ऑपरेशन करने की स्थिति आ गई। ऑपरेशन के लिए

25 जुलाई को उन्हें कलकत्ता लाया गया। 30 जुलाई को ऑपरेशन किया गया, लेकिन ऑपरेशन सफल न रहा और 7 अगस्त, 1941 को वे महाप्रस्थान कर गए।

रवीन्द्रनाथ टैगोर का आध्यात्मिक चिंतन

सूक्तियों के आधार पर रवीन्द्रनाथ टैगोर को पूर्णरूप से समझा नहीं जा सकता, क्योंकि वे केवल साहित्यकार ही नहीं थे, एक महान दार्शनिक भी थे। उनकी दार्शनिक अवधारणाओं के अध्ययन के बिना उनका अध्ययन अपूर्ण है, अतः संक्षेप में उनके दार्शनिक चिंतन पर प्रकाश डालना समीचीन लगता है।

टैगोर के विचारों की दर्शनशास्त्रीय विवेचना करने में कुछ कठिनाइयां अवश्य आती हैं। वे मूलतः कवि हैं, अतः उनकी अभिव्यक्ति का माध्यम दर्शनशास्त्र न होकर कवित्तमय है। दर्शनशास्त्र की कुछ प्रचलित विधियां होती हैं, जिनके आधार पर हम किसी दार्शनिक के दर्शन का मूल्यांकन करते हैं। वे विधियां होती हैं – साक्ष्य, प्रमाण, तंत्र आदि बौद्धिक युक्तियां, लेकिन एक कवि दार्शनिक के लिए तर्कशास्त्रीय विवेचनाओं का इतना महत्त्व नहीं जितना उसकी अनुभूतियों का है। उसे जिन सत्यों की अनुभूति होती है, उन्हें वह कविताओं की मर्मस्पर्शी संवेदनाओं में अभिव्यक्ति करता है। दर्शनशास्त्रीय अध्ययन का अर्थ है कि एक कवि के अभिव्यक्तमय-माध्यम के पीछे जो उसका चिंतन है उसे रेखांकित किया जाए, उसे पकड़ा जाए, लेकिन यदि वहां विचार न होकर कोई संवेदना हो तो उसे कैसे पकड़ा जा सकता है, उसे हृदय से चस्पा तो किया जा सकता है। अतः एक

कवि की कविता में कोई दार्शनिक सत्य खोजने में एक भ्रांति सी बनी रहती है और यह भ्रांति किसी दार्शनिक विवेचना पर संदेह बनाए रखती है, परंतु टैगोर इस भ्रांति का तिरस्कार नहीं करते, स्वागत करते हैं और स्पष्ट कहते हैं कि यदि हम भ्रांति की संभावना का मार्ग बंद कर देते हैं, तो सत्य का मार्ग बंद हो जाएगा। अतः आवश्यकता उस भ्रांति में ही एक कवि की कविता के माध्यम से उसकी अनुभूतियों में प्रवेश करके कुछ दार्शनिक विचारों की खोज करने की होनी चाहिए। टैगोर के विचारों को समझने के लिए ऐसा ही प्रयास किया गया है। टैगोर स्वयं घोषणा करते हैं कि वे इस प्रकार के शास्त्रीय दार्शनिक नहीं जो अपने विचारों को कुछ परिचित वैचारिक कोटियों में रखकर उन्हें व्यवस्थित करें। वे स्वीकार करते हैं कि उन्हें किसी अवधारणा को रखने की दार्शनिक शैलियों का ज्ञान नहीं है और न वे ऐसी दार्शनिक पद्धतियों को ही जानते हैं, जिसके आधार पर वे ज्ञान या अज्ञान की विवेचना कर सकें। उनके पास केवल अनुभूतियों की पूंजी है और इस पूंजी से ही वे अपनी दार्शनिक मान्यताओं की स्थापना करते हैं। भले ही वे स्थापनाएं उन्हें अन्य दार्शनिकों से कुछ अलग करती हुई प्रतीत होती हों, लेकिन उनकी स्थापनाएं उनकी अनुभूतियों का सच है – इनके हृदय का गीत है, जिसे नए आयामों में विकसित किया है, फिर भी वह सत्य है तो वही सत्य है, जिसे एक शास्त्रीय दार्शनिक प्रचलित दार्शनिक कोटियों से विकसित करता है।

टैगोर के समक्ष वे ही दार्शनिक समस्याएं हैं, जो भारतीय दर्शन के केंद्र में रहती आई हैं, जैसे – सत्, ईश्वर और ईश्वर अस्तित्व के प्रमाण, सृष्टि, माया-विचार, सत् में मात्रा भेद, मानव का स्वरूप, आत्मा और शरीर, धर्म का स्वरूप, मानव का चरम भाग अशुभ की समस्या, आत्मानुभूति के मार्ग और मानववाद, लेकिन इन पर विचार करने का इनके पास केवल अनुभूति के रूप में सीमित ही साधन

हैं। अपनी अन्तःअनुभूति से कैसे उन्होंने इन पर प्रकाश डाला है। यह समझना युक्ति-युक्त होगा।

सत् एवं ईश्वर

दार्शनिक चिंतन की परंपरा में सत् एवं ईश्वर में भेद किया जाता रहा है, लेकिन टैगोर के लिए ये दो शब्द सत् और ईश्वर दो तत्त्वों को सूचित नहीं करते, यद्यपि उनकी काव्यात्मक आलंकारिक अभिव्यक्ति में कभी-कभी ऐसा प्रतीत होता है कि वे इन दोनों में भेद करते हैं, लेकिन ध्यान से देखने पर शीघ्र ही इस निष्कर्ष पर पहुंच जाते हैं कि यह भेद वैचारिक नहीं है। कभी-कभी टैगोर यह विश्वास व्यक्त करते हैं कि यह सृष्टि एक निर्पेक्ष सत् की ही अभिव्यक्ति है और इस विश्वास के आधार पर वे शंकर के अद्वैत वेदांत के निकट पहुंच जाते हैं, लेकिन कहीं-कहीं वे अपनी स्थापनाओं को शंकर की स्थापनाओं से अलग कर लेते हैं और 'निपेक्ष सत्' के प्रयोग से बचते हुए प्रतीत होते हैं तथा ईश्वर भाव के निकट आ जाते हैं। इस अपनी नई स्थापना से वे ईश्वर को सत्यम्, आनंदम्, शिवम्, सुंदरम् मानने लगते हैं। इनकी मान्यताओं के अनुसार – ईश्वर एक है, सत् है और इस सृष्टि का आधार है। इस प्रकार से टैगोर की मुख्य चिंतन-धारा ईश्वरवादी है। टैगोर की इस स्थापना के आधार पर उन पर यह संदेह अवश्य ही किया जा सकता है कि वे वेदांत के प्रभाव की उपेक्षा करते हैं और ईसाई-विचार के प्रभाव में आ जाते हैं। उनके सुप्रसिद्ध ग्रंथ 'गीतांजलि' की कुछ मान्यताओं के आधार पर उन पर ईसाई विचार के प्रभाव में आने का संदेह उचित दिखाई देने लगता है, परंतु वे इस संदेह का खंडन करते हैं और अपने को रामानुज जैसे ईश्वरवादी दार्शनिक तथा दादू, कबीर जैसे संतों का ऋणी मानते हैं।

इन सभी प्रभावों के फलस्वरूप तथा अपनी अनुभूतियों के अनुरूप उन्होंने सहज ही स्वीकार किया है कि इस संसार का संचालक तथा रक्षक कोई निरपेक्ष सत् नहीं बल्कि कोई परमपुरुष है, जिसका अपना एक व्यक्तित्व है। उनके अनुसार 'ईश्वर' केवल तत्त्व दार्शनिक के चिंतन का एक क्षेत्र नहीं है, बल्कि मानव के जीवन एवं अस्तित्व तथा उसकी वास्तविक आकांक्षाओं का आधार एवं आदर्श है। इस प्रकार से टैगोर का ईश्वर एक 'मानवीय ईश्वर' हो जाता है, जिसका एक व्यक्ति की तरह व्यक्तितत्त्व है और वह अपने भक्तों के प्रति संवेदनशील है।

मानवीय ईश्वर में विश्वास करने के लिए टैगोर के पास एक बहुत ही बड़ा ठोस आधार है। वे मानव के मनोविज्ञान के आधार मानते हुए यह स्वीकार करते हैं कि मानव की अभिरुचि किसी ऐसे तत्त्व पर टिकी नहीं रह सकती, जिसके साथ वास्तविक मानवीय संबंध की संभावना न हो और भावनात्मक आदान-प्रदान की संभावना न हो। क्योंकि शंकर के 'ब्रह्म' जो अमूर्तता की परिणति है, जो एक अवैयक्ति नियति नियम है उसके साथ मानवीय संबंध संभव नहीं है, अतः टैगोर शंकर के ब्रह्म के प्रति आस्थावान प्रतीत नहीं होते। इसके विपरीत वे ईश्वर को मानव के निकट लाना चाहते हैं। वे मानते हैं कि ईश्वर के साथ भावनात्मक संबंध संभव है। यह संबंध प्रबल एवं पूर्ण प्रेम का संबंध होगा, एक व्यापक ऐक्य का संबंध होगा।

परंतु ऐसा मानने में एक दर्शनशास्त्रीय समस्या उत्पन्न हो सकती है। ईश्वर को व्यक्तित्वपूर्ण मानने में ईश्वर सीमित हो जाएगा और ईश्वर की सीमितता किसी भी भक्त को स्वीकार नहीं हो सकती। इस समस्या के निवारण में टैगोर कहते हैं कि व्यक्तित्व का आरोप तभी सीमित करेगा जब व्यक्तित्व ही सीमित हो, ऐसा व्यक्तित्व जिसमें कोई दोष हो, कोई अभाव हो, कोई त्रुटि हो। ईश्वर का

व्यक्तित्व दोष रहित है उसे सीमा में बांधने की कोई दुर्बलता है ही नहीं, अतः ईश्वरीय व्यक्तित्व असीमित है। यदि मानव अपने सीमित लक्षणों को ईश्वर में निरूपित करे तो यह ठीक नहीं है। ईश्वर में हम जो मानवीयता देख रहे हैं, वह असीम है।

ईश्वर-अस्तित्व के पक्ष में प्रमाण

टैगोर मानते हैं कि हम केवल सांसारिक वस्तुओं के अस्तित्व को ही किसी बौद्धिक प्रमाण द्वारा प्रमाणित कर सकते हैं, लेकिन यह संसार जिसकी अभिव्यक्ति है, उस परम पुरुष ईश्वर के अस्तित्व को प्रमाणित करने की कोई आवश्यकता नहीं है। ईश्वर तो अस्तित्व का आधार है, उसके अस्तित्व को तो आत्मसात् किया जा सकता है, अपने अंतर में अनुभव किया जा सकता है, अर्थात् ईश्वर अनुभूति का विषय है और अनुभूति के लिए किसी बौद्धिक प्रमाण की अनिवार्यता नहीं होती। लेकिन टैगोर जिस अनुभूति की बात कर रहे हैं वैसी अनुभूति एक सामान्य जन के लिए संभव नहीं है। हर व्यक्ति दार्शनिक नहीं हो सकता, हर व्यक्ति योगी नहीं हो सकता, फिर ऐसे व्यक्तियों के लिए क्या ईश्वर के अस्तित्व के प्रमाण की आवश्यकता नहीं है? टैगोर यह भी मानते हैं कि मानव के दैनिक जीवन में बौद्धिक विवेचनाओं का भी स्थान है, अतः या कोई व्यक्ति ईश्वर के अस्तित्व के बौद्धिक प्रमाणों की इच्छा कर रहा है, तो उसकी संतुष्टि के लिए प्रमाण तो होने ही चाहिए। टैगोर भी अनुभूति से अलग ईश्वर के अस्तित्व के प्रमाण प्रस्तुत करते हैं।

टैगोर उसी प्रमाण को एक सबल प्रमाण मानते हैं जिसे दार्शनिक विश्लेषणों में प्रयोजनात्मक युक्ति या अभिकल्प युक्ति कहा गया है। इसी युक्ति के आधार पर टैगोर कहते हैं कि विश्व में विलक्षण संगठन तथा व्यवस्था एवं प्रयोजन का साक्ष्य उपलब्ध है। हर

तत्त्व अपने ढंग से अस्तित्वमान है, सूर्य, धरती, तारे सब अपने ढंग से अपने सुर से चल रहे हैं, फिर भी विश्व में पूर्ण व्यवस्था है। यह तभी संभव हो सकती है यदि कोई व्यवस्थापक हो। बस, यही व्यवस्थापक ईश्वर है। इस युक्ति का एक सुंदर उल्लेख उन साहित्यिक रचना 'किंग ऑफ दी डार्क अचैंबर' में हुआ है। उसका एक पात्र जर्नादन कहता है, 'देखो, इस स्थान में चारों ओर फैली हुई व्यवस्था एवं नियतता को, इसकी व्याख्या बिना किसी राजा को माने संभव नहीं है।'

टैगोर अभिकल्प युक्ति में सह-संगीत की उपमा का सहारा लेते हैं। टैगोर कहते हैं कि विश्व एक सह-संगीत जैसा है, जिसमें हरेक वादक अपने-अपने ढंग से, भिन्न-भिन्न यंत्रों पर अपनी-अपनी धुन बजा रहा है, किंतु जो सम्मिलित स्वर निकल रहा है, वह एक सुसंगठित, व्यवस्थित संगीत है। यह संभव तभी हो सकता है जब कोई संगीतज्ञ हो – कोई व्यवस्थापक हो, जिसने इन विभिन्न सुरों में व्यवस्था रख दी हो। सृष्टि का यह व्यवस्थित संगीत बिना संगीतकार 'ईश्वर' के संभव नहीं हो सकता।

सृष्टि

सृष्टि के विवरण में टैगोर शंकर की स्थापनाओं से सहमत नहीं हैं। शंकर सृष्टि को एक प्रतीति, एक आभास मात्र मानते हैं और उसकी वास्तविक्ता पर संदेह व्यक्त करते हैं। शंकर सर्व और रज्जु के उदाहरण से कहते हैं कि जिस प्रकार से भ्रांतिवश हम किसी रस्सी में सर्प का आभास पा जाते हैं, उस प्रकार ब्रह्म को हम भ्रांतिवश सृष्टि समझ लेते हैं। यदि भ्रांति का निवारण हो जाए, तो वह सर्प का आभास तुरंत लुप्त हो जाता है और हम उस रस्सी को प्रत्यक्ष करने में समर्थ हो जाते हैं। शंकर इसी कारण उदाहरण के आधार

पर अपना मत प्रतिपादित करते हैं कि 'यदि हमारी भ्रांति दूर हो जाए तो सृष्टि का लोप हो जाता है और हम ब्रह्म का प्रत्यक्ष करने में समर्थ हो जाते हैं।'

इस उदाहरण में शंकर की मान्यताओं के अनुसार रस्सी वास्तविक है; सर्प एक प्रतीति मात्र है। इसी के सापेक्ष ब्रह्म वास्तविक है और सृष्टि एक प्रतीति मात्र। लेकिन टैगोर सृष्टि को आभास मात्र नहीं मानते। उनके चिंतन में सृष्टि वास्तविक है। वह किसी भ्रम का उत्पादन नहीं है। वे अपने दार्शनिक चिंतन में सृष्टि के विशद विवरण की चेष्टा करते हैं। उनका यह विवरण प्रायः ईश्वरवादी विवरण जैसा ही है, लेकिन उसमें मानववादी अंश विद्यमान है।

टैगोर के अनुसार ईश्वर ही परमसत् है, अतः ईश्वर ही संपूर्ण ब्रह्मांड का आधार है। यह सृष्टि उसी परमसत् की अभिव्यक्ति है, लेकिन इस अभिव्यक्ति का ढंग क्या है? इसके विवेचन में वे कहते हैं कि सृष्टि की क्षमता ईश्वर का एक लक्षण है। इसका अर्थ है कि ईश्वर स्वभावतः सृष्टि करता ही है। यदि ईश्वर है और वह सृष्टि न करे, यह हो ही नहीं सकता, क्योंकि कोई अपने स्वभाव से अलग नहीं होता। ईश्वर का आत्म प्रकाश सृष्टि से ही मुखरित होता है। ईश्वर आनंदस्वरूप है। इस प्रकार भी कह सकते हैं कि आनंद ईश्वर का स्वाभाविक है, अतः वह आनंद से अलग नहीं रह सकता और यह सृष्टि उसी आनंद की अभिव्यक्ति है। ईश्वर अपने को सृष्टि के रूप में अभिव्यक्त करे, इसके लिए उस पर कोई बाह्य बल नहीं है, कोई मजबूरी या बंधन नहीं है, लेकिन आनंद उसका स्वभाव है और उसके लिए सृष्टि रचना एक आनंद की प्रक्रिया है, जिसे दार्शनिक शब्दावली में 'लीला' एक आनंदमय क्रीड़ा है। जो उसे स्वभागत करनी पड़ती है, अतः सृष्टि और ईश्वर में कोई द्वैत नहीं है। 'लीला' बस आनंद है और यही सृष्टि है।

'संगीत' तथा प्रेम के उदाहरण से टैगोर इसे स्पष्ट करने की चेष्टा करते हैं। जब संगीतकार अपने संगीत में पूर्णतया डूब जाता है तो उस संगीत की सृष्टि में एक अर्थ में वह अपने में बाहर अवश्य आता है, किंतु अपने से अलग उस संगीत का निर्माण कर वह पूर्णतया उसमें खो जाता है, उसमें एकरूप हो जाता है, इसी में उस की परिपूर्णता है। इसी प्रकार प्रेमी का प्रेम तभी यथार्थ होता है, जब वह अपने प्रिय में पूर्ण रूप से खो जाता है। टैगोर कहते हैं कि आनंद की अभिव्यक्ति का अर्थ ही है कि स्वतः पृथकत्त्व उत्पन्न कर पुनः उसे आत्मसात कर परिपूर्णता प्राप्त करें।

माया विचार

टैगोर अपने दार्शनिक चिंतन में 'माया' विचार को भी महत्त्वपूर्ण स्थान देते हैं। माया मूलतः वेदांत की ही एक अवधारणा है, अतः टैगोर ने माया की अवधारणा वेदांत से ही ली है। वेदांत के समान टैगोर भी कहते हैं कि सृष्टि की प्रतीति माया-आधृत ही है। वे माया को सब व्यापक अज्ञान का आधार कहते हैं। इसे वे विश्वभ्रांति का कारक कहते हैं।

टैगोर अपने माया-विचार को एक उपमा के आधार पर स्पष्ट करने की चेष्टा करते हैं। एक अबोध जंगलवासी कहीं से कुछ बैंक-नोट प्राप्त कर लेता है। वह उनका मूल्य नहीं जानता। उसके लिए वे केवल कागज के टुकड़े हैं, लेकिन एक दूसरा प्रबुद्ध व्यक्ति जो इन नोटों को बैंक से संबंधित मानते हुए उनके मूल्य को जानता है, उसके लिए वे कागज के टुकड़े नहीं हैं। यहां उन नोटों को देखने के दो दृष्टिकोण हैं – पहला, उस जंगली अबोध व्यक्ति का उन्हें बैंक से पृथक करके देखना और दूसरा, उस प्रबुद्ध व्यक्ति का उन्हें बैंकों से संबंधित करके देखना। पहले का पृथकत्व उसके मूल्य को

समाप्त कर देता है, लेकिन दूसरे की संबद्धता उसे मूल्य प्रदान कर देती है। इसी प्रकार यदि सृष्टि को सृष्टिकर्त्ता से पृथक करके सोचें – यदि सृष्टि में व्यक्त विभिन्न रूपों को उनके निर्मात्री से सर्वथा पृथक करके सोचें तो जगत का मूल्य स्पष्ट नहीं होगा, तब जगत भी जंगलवासी के नोटों की समझ के समान निरर्थक अनर्गल प्रतीत होगा, किंतु यदि हम जगत को सृष्टिकर्ता के साथ संबद्ध कर सोचें तो जगत का वास्तविक अर्थ स्पष्ट होगा। इस उपमा के आधार पर टैगोर कहते हैं कि हममें जगत को ग़लत दृष्टि से देखने की प्रवृत्ति भी है और यही माया है।

वस्तुतः माया कोई सत् या सत्त्व नहीं है। अपने में इसका कोई अस्तित्व भी नहीं है, परंतु सृष्टि रचना का विधान बिना इसके हस्तक्षेप के संपन्न होता हुआ नहीं दिखाई देता, लेकिन इसका अर्थ यह नहीं कि यह सृष्टिकर्त्ता को सीमित कर देती है। वस्तुतः यह एक सृष्टिकर्त्ता का संविधान है, उसी प्रकार जैसे शतरंज के खिलाड़ियों के लिए शतरंज के कुछ नियम होते हैंऔर उन्हीं नियमों के अंतर्गत शतरंज के खिलाड़ी अपना खेल संपन्न करते हैं।यदि ऐसी कोई नियमावली न हो तो खेल निरर्थक हो जाए, उसी प्रकार सृष्टि रचना में भी सृष्टिकर्त्ता के कुछ नियम हैं। यद्यपि वह सर्वशक्तिमान है और इसकी इच्छा को कोई नियम बाधित नहीं कर सकता, लेकिन नियम विहीन स्वच्छंदता एक आनंदमय क्रीड़ा नहीं हो सकती और न ही सृष्टि रचना की ऐसी प्रक्रिया लीला नहीं कही जा सकती। अतः इस आनंद की अभिव्यक्ति के लिए वह परम पुरुष ईश्वर अपनी असीम-शक्ति पर कुछ बंधन लाद लेता है। ईश्वरीय शक्ति का स्वतः अपने ऊपर लादा हुआ यही बंधन माया है।

टैगोर के इस माया विचार से प्रतीत होता है कि उनका माया का सिद्धांत कोई भ्रममूलक भाव नहीं है। एक दृष्टि से इसे ईश्वरीय

शक्ति कहा जा सकता है। यह ईश्वर की लीला का उपकरण है। ईश्वर का सीमित रूपों में व्यक्त होने का उपकरण है, अतः यह ईश्वर की शक्ति है। केवल स्मरण यह रखना चाहिए कि इसकी वास्तविक़्ता सृष्टि-संबंधित है।

टैगोर अपने माया-सिद्धांत में शंकर से थोड़ी भिन्नता दिखाते हुए कहते हैं कि माया 'है' भी और 'नहीं' भी है। माया है, वास्तविक है, क्योंकि इसके माध्यम से सीमितता के जो रूप प्रकट होते हैं, उनकी वास्तविक अनुभूति होती है। यह वास्तविक नहीं है सत्य नहीं है, क्योंकि असीमता की अनुभूति में इससे उत्पन्न अनुभूतियां समाप्त हो जाती हैं, लुप्त हो जाती हैं। माया समीमता की अनुभूति कराती है, किंतु वह ज्ञान नहीं है, ज्ञान तो असीमता की अनुभूति है, जिसके लिए माया से परे जाना पड़ता है।

मानव का स्वरूप

टैगोर के चिंतन में मानव को विशिष्ट स्थान प्राप्त है। टैगोर ईश्वर के परमरूप को पूर्णतया स्वीकारते हुए मानव को एक विशिष्टता एवं गरिमा प्रदान करते हैं। विद्वानों ने टैगोर को इसीलिए मानवता का दार्शनिक कहा है। निश्चय ही उनके चिंतन के ताने-बाने के केंद्र में मानव ही बैठा है। टैगोर मानते हैं कि तात्त्विक दृष्टि से मानव अनेक रूपों में ईश्वरीय है, फिर भी स्पष्टतः इसी जगत का एक प्राणी है।

टैगोर मानव के विकास के लिए चार्ल्स डार्विन के विकासवाद को स्वीकार करते हैं और मानव के उद्‌भव से पहले अन्य जातियों के विकास के संबंध में डार्विन को स्वीकार करते हुए वे मानते हैं कि जातियों का विकास-क्रम मंत्रवत रूप में अग्रसर होता रहता था, किंतु मानव के उदभव के साथ विकास-प्रक्रिया में ही एक

अर्थपूर्ण परिवर्तन आया था। मानव में कुछ ऐसी शक्ति भी थी कि वह अपनी क्रिया-प्रतिक्रिया को अपने अनुसार रूप दे सकता था। उसकी प्रतिक्रियाएं अन्य जैव-जातियों की तरह उद्दीपनों से नियंत्रित नहीं रहीं। वह विकास प्रक्रिया में अपनी ओर से योगदान करने लगा। यही मानव की विशिष्टता हो गई।

टैगोर कहते है कि अभी तक विकास-क्रम में अन्य जीव-जातियों में उतनी ही क्षमताएं विद्यमान रहीं, जो उन्हें विकास प्रक्रिया में मिलीं, परंतु मानव विकास प्रक्रिया में प्राप्त क्षमताओं के अतिरिक्त कुछ और उससे परे की क्षमताओं को प्राप्त करने की क्षमता आ गई। टैगोर इस क्षमता को अतिरिक्त क्षमता अथवा आधिक्य कहते हैं। यह आधिक्य सदा परे उठने की शक्ति है। इसी आधिक्य के बल पर मानव उन सीमाओं में ऊपर उठ जाता है, जिसमें अन्य जीव बंधे रह जाते हैं। मानव के उद्भव के इस विवरण से दो ऐसे तथ्य प्रकाश में आते हैं, जो मानव के स्वरूप के संबंध में महत्त्वपूर्ण हैं। पहला – उसका भौतिक एवं जैविक अंश जो उसे विकास-प्रक्रिया से प्राप्त होता है। दूसरा – एक ऐसा अंश जो उसका अभौतिक एवं आध्यात्मिक स्वरूप निर्धारित करता है – जो उसे विशिष्टता प्रदान करता है। पहले को, अर्थात् उसके जैविक-भौतिक अंश को उसका सीमितता का अंश कहा जा सकता है तथा उसके स्वरूप में निहीत अधिक्ता को जो उसका आध्यात्मिक अंश है, असीमितता का अंश कहा जा सकता है। वास्तविक़्ता को अस्वीकार करने वाले यह समझ नहीं पाते कि इससे तो मानव के आध्यात्मिक पक्ष का भी अपने आप निषेध हो जाता है। भौतिक जीवन जीने की प्रक्रिया में ही आध्यात्मिकता की अनुभूति होती है। शारीरिक अस्तित्व तो आधार है, यदि आधार ही हटा दिया जाए तो आध्यात्मिक अस्तित्व भी आधारहीन हो जाएगा। अतः दोनों एक पक्षीय संभावनाएं अयुक्त हैं। इसी कारण टैगोर मानव को ससीम असीम कहते हैं।

धर्म का स्वरूप

धर्म टैगोर की दर्शन-व्यवस्था का एक प्रकार से केंद्र रहा है। प्रारंभ में टैगोर ब्रह्मसमाजी थे। बाद में उन्होंने धर्म के जिस स्वरूप को उभारने का प्रयास किया उसमें कुछ अंश तो ब्रह्म समाज से लिया हुआ है तथा अधिकांश पारंपरिक हिंदू विचारधारा से लिया हुआ है, किंतु अंततः उन्होंने धर्म के जिस रूप को विकसित किया वह उनका मानव धर्म है।

टैगोर मानते हैं कि धर्म किसी गिरोह या संस्था या संप्रदाय या किसी विशेष भूखंडता या किसी देश की थाती या धरोहर नहीं है। मनुष्य अपनी आवश्यकता एवं अभिरुचि के अनुसार धर्म के किसी विशेष रूप को प्रतिष्ठित अवश्य करता है, किंतु यह बात निर्विवाद रूप से सत्य है कि धर्म वस्तुतः इन सभी रूपों से परे है। वे मानते हैं कि जिन्हें हम धर्म कह रहे हैं वे संप्रदायों के दिशाहीन ढंगों में उत्पन्न विभिन्न ठहराव के बिंदु हैं। वस्तुतः वे उनकी भौगोलिक और ऐतिहासिक प्रतिकूल के प्रति उनकी वे स्थापनाएं हैं, जिनमें रहकर वे कुछ आस्थाओं का निर्वहन करते हैं, जिन्हें वे सत्य का बिंब मानते हैं और इन बिंबों के माध्यम से वे अपने आराध्य देव से संपर्क बनाने का प्रयास करते हैं। ये वास्तव में धर्म नहीं है, बल्कि धर्म का वह बाह्य आवरण है, जो धीरे-धीरे संप्रदाय में परिणत हो जाता है और धर्म के वास्तविक स्वरूप को लुप्त कर देता है।

टैगोर के अनुसार सच्चा धर्म वस्तुतः अपने स्व के बंधन से ऊपर उठ सब कुछ के साथ एकरूपता की अनुभूति करने का प्रयास है। वे कहते हैं कि धर्म एक प्रकार से घर से अलग हुए व्यक्ति की घर के लिए आतुरता है। उनका कहना है कि जिस प्रकार गृहातुर पहाड़ी पक्षी समय आने पर रात-दिन उड़ता हुआ पहाड़ पर अपने घोंसले तक पहुंचने के लिए आतुर रहता है, उसी प्रकार जगत में

मनुष्य भी अपने वास्तविक घर से बिछड़ा हुआ पक्षी है तथा उसका धर्म उसकी गृह आतुरता है। अपने सुप्रसिद्ध काव्य 'गीतांजलि' में टैगोर कहते हैं कि मौसम की मार से छिन्न-भिन्न नौका 'शरीर' है 'हरबर' पुनर्जन्म का सूचक है। आत्मा इनसे मुक्ति चाहती है तथा अपने घर (मोक्ष) वापस जाना चाहती है, जहां मृत्यु नहीं है। यही घर पहुंचने की आकांक्षा धर्म है।

शरीर और जन्म के बंधन से मुक्त हो अपने वास्तविक घर पहुंचने की बात में संन्यासवाद की झलक दिखाई दे सकती है, परन्तु टैगोर कहते हैं कि गृह आतुरता श्रेष्ठतम भावना है, अतः यह संन्यास या निवृत्ति की पोषक नहीं है। टैगोर तो यहां तक कहते हैं कि इस गृह आतुरता की अभिव्यक्ति प्रेम में है, प्रेम को विस्तृत करने में है। प्रेम का सार्वजनिक रूप ही घर पहुंच जाना है, अतः यह संन्यासवाद नहीं है।

टैगोर कहते हैं कि एक विशेष व्यक्ति का जन्म किसी एक धार्मिक संप्रदाय के अनुयायी के घर में होता है, किंतु यह तो आकस्मिक है, लेकिन यही आकस्मिकता उसे एक विशेष धर्म में जकड़ देती है, तथा अब वह उसी संप्रदाय के प्रावधान को धर्म समझ लेता है, लेकिन धर्म की इस प्रकार की जकड़ तो एक प्रकार से अंधविश्वास है। धर्म, धार्मिक संस्था अथवा धार्मिक संप्रदाय का पर्यायवाची नहीं है। जब धर्म इस प्रकार की सांप्रदायिक संस्थाओं में बंध जाता है, तो उसका स्वाभाविक प्रभाव अवरुद्ध हो जाता है और वह उस सरिता के समान हो जाता है, जिस जल का कल-कल प्रवाह सूख जाता है और सरिता मरुभूमि के रेत जैसी हो जाती है।

टैगोर का विश्वास है कि धार्मिक संस्थाओं एवं संप्रदायों ने धर्म को विकृत कर दिया है। ये संप्रदाय धर्म से उसकी प्राणशक्ति को अलग कर देते हैं तथा केवल उसके बाह्य पक्ष पर बल देते हैं।

फिर वास्तविक धर्म क्या है? उसके विवेचन में टैगोर कहते हैं कि हर वस्तु हर चीज़ का अपना धर्म होता है जो उसकी अनिवार्य वास्तविक्ता को व्यक्त करता है। अनिवार्य वास्तविक्ता का व्यक्तिकरण ही उस वस्तु का धर्म है, वस्तु की आंतरिकता है। इसे इस प्रकार भी कहा जा सकता है कि वस्तु के आंतरिक स्वरूप की अभिव्यक्ति उस वस्तु का धर्म है। जलत्व जल का धर्म है और जलाना अग्नि का धर्म है। उसी प्रकार मनुष्य के आंतरिक स्वरूप की अभिव्यक्ति मानव धर्म है।

अब प्रश्न है कि मनुष्य का आंतरिक स्वरूप क्या है? इस संबंध में टैगोर कहते हैं कि यह है मनुष्य की एक विशिष्ट निधि जिसमें भौतिक चेतना से, भौतिक सीमाओं से सतत ऊपर उठते रहने की प्रवृत्ति है। यह उसकी शाश्वत आंतरिक सर्जनात्मक शक्ति है। इसी की अभिव्यक्ति उसका धर्म है। मानव को अपने से ऊपर उठने की प्रवृत्ति में धर्म की अभिव्यक्ति होती है। मानव को आत्मचेतना है, इस चेतना में उसे यह भी चेतना रहती है कि वह अपने 'स्व' से ऊपर उठ सकता है कि वह उच्चतर आदर्शों की ओर अग्रसर होते रह सकता है। यह मानव की विशेष विशिष्टता है, अतः इसी शक्ति का प्रस्फुटीकरण मानव का धर्म बन जाता है। टैगोर के अनुसार, धर्म का लक्ष्य वैयक्तिक आत्म तथा परम आत्म के ऐक्य की अनुभूति है।

क्रम

रवीन्द्रनाथ टैगोर की कुछ चुनी हुई कहानियां

अंतःकरण

एक बार अंतःकरण की ओर आंख घुमाओ, तुरंत ही समस्त अर्थ समझ में आ जाएगा।

अंधकार / अंधा

अमावस्या के गहरे तक छूने वाले अंधकार में सोलह कलाओं से पूर्ण चांद का संपूर्ण प्रकाश हर स्तर में बंधा पड़ा है। उसकी एक किरण भी खोई नहीं है। इसी से पूर्णिमा की उज्ज्वलता से अमावस्या की कालिमा इतनी पूर्ण है।

यदि हम भ्रांति के अंधकार की संभावनाओं का मार्ग बंद कर देंगे, तो सत्य का मार्ग भी बंद हो जाएगा।

अंधकार समय विकृति का समय है।

अंधकार प्रकाश की ओर चलता है, परंतु अंधापन मृत्यु की ओर।

अंधे कुछ नहीं भूलते, उनका कोई संसार नहीं है। वे तो केवल अपने मन को ही लिए हुए हैं।

अंधेरा बड़ा होता है और दीये की लौ छोटी, पर इतने बड़े अंधेरे से इतनी छोटी-सी लौ पर ही मैं अधिक आस्था रखता हूं।

अच्छा-बुरा

अच्छे के साथ बुरे का मेल बैठाना ही सबसे मुश्किल काम है, लेकिन फिर भी दुनियां में वह भी हो जाता है और उसमें भी सुख से, दुःख से दिन कटते जाते हैं – सब समय बुरा ही होता हो, ऐसा नहीं है, भला भी होता है।

अतृप्त

सभी मन अतृप्त हैं, पक्षी चाहता है – मैं बादल होता! बादल चाहता है – मैं पक्षी होता।

अत्याचार

अत्याचार करने वाले भूल जाते हैं, किंतु जिस पर अत्याचार होता है, वे आसानी से नहीं भूल सकते। हाथ से लाठी गिर जाने पर भी वे मन-ही-मन द्वेष करते हैं।

अधिकार

अधिकार की अपनी एक मर्यादा होती है। उस मर्यादा की रक्षा करने के लिए अधिकार-प्रयोग को संयत रखना पड़ता है।

अधिकार जताने से अधिकार सिद्ध नहीं होता।

जहां सामाजिक अधिकार नहीं है, वहां किसी स्त्री की ओर प्रेम भरी आंख से देखना मानवीय संस्कारों के विरुद्ध है।

संसार में प्रतिष्ठा प्राप्त करके जो पुरुष बिना संशय के निःसंकोच भाव से अपने को प्रकट कर सकता है और जिसने एक निश्चित अधिकार प्राप्त कर लिया है, वह समर्थ पुरुष सहज ही नारी की दृष्टि आकर्षित कर सकता है।

अनंतता

दिल की अनंतता को आंखें खोलकर, छोटी सी चीज़ में भी पाया जा सकता है।

दिल का इतना बड़ा सूनापन क्या खेल ही खेल में एक पत्थर के टुकड़े से भरा जा सकता है? बिना भाव की अनंतता के आदमी के दिल का खालीपन भरा ही नहीं जा सकता।

अनाथ

तेरह-चौदह वर्ष के अनाथ बच्चों का चेहरा और मन का भाव बहुत कुछ बिना मालिक के राह के कुत्ते जैसा हो जाता है।

अनादर

अनादर राख जैसी चीज़ है। वह राख शायद भीतर ही भीतर ताप बनाए रखती है, किंतु बाहर से ताप का पता नहीं लगने देती। जब आत्मसम्मान कम हो जाता है, तब अनादर बुरा नहीं लगता, इसलिए उससे पीड़ा नहीं होती। इसी कारण औरतें दुःख का अनुभव करने में भी शर्माती हैं।

अनुराग

संसार में हमारा जन्म तभी तक सार्थक है, जब तक हम विश्व से अनुराग रखते हैं।

अन्याय

अन्याय सह लेने वाला भी अपराधी होता है। यदि वह न सहा जाए तो फिर कोई किसी के साथ अन्यायपूर्ण व्यवहार कर ही नहीं सकेगा।

अन्याय को चुपचाप सह लेना ही अन्याय है।

अन्याय में अन्यायकारी के समान हो जाना भी उससे हार जाना है। पराजय के पहले या मरने के पहले हमें साबित कर जाना होगा कि हम मनुष्यता के धर्म में उनकी अपेक्षा बड़े हैं, न होते तो इतने बड़े ताकतवर के साथ हार का खेल ही कैसे खेलते?

अपमान

धूल स्वयं अपमान सह लेती है, और बदले में वह पुष्पों का उपहार देती है।

अपराध / अपराधी

संसार में अगर अपराधी ही होना है तो अपराध की सिर्फ़ लांछना ही क्यों भोगी जाए उसका जो सुख है, उसे क्यों न भोगा जाए।

लड़की के सामने जब पिता अपराधी हो, तो उस अपराध के लिए उसका पछतावा क्या छिपाया जा सकता है?

अभिभावक

अभिभावक होने के योग्य वही हैं, जिन्हें कोई झट से ठग ना सके और जो इंगित से समझ सकें कि वस्तु कहां है और कहां नहीं है।

अमरता

अमरता का लाभ प्राप्त करने की एक विशेष अवस्था होती है।

अमृत

अमृत वस्तु के रस में नहीं, रस के अहसास में है, इसलिए जो उसे खोजा करते हैं, उन्हें वह मिलता ही नहीं।

अमितव्ययी

जो व्यक्ति अमितव्ययी है, वह व्यय करने की प्रवृत्ति को संवरण नहीं कर पाता।

असंभव

संभव असंभव से पूछता है – 'तुम्हारा निवास स्थान कहां है?' उत्तर मिलता है – 'निर्बलों के स्वप्नों में।'

असीम

असीम अपने को ज़ाहिर करने के लिए ही सीमा का आसरा लेता है, नहीं तो वह ज़ाहिर कहां है, और जो ज़ाहिर नहीं है, वह अधूरा है।

असीम में पीछे की ओर मौत का काला पर्दा/स्तर टंगा हुआ है। उसी पर जीवन का विचित्र नाटक होता हुआ अंतिम अंक की ओर चला जा रहा है।

अहं / अहंकार / अहंकारी

अहं का धर्म ही संग्रह करना है, संचय करना है, वह केवल लेता ही रहता है।

घोड़े और हाथी के लिए व्ययसाध्य चारा चाहिए, किंतु अहं भाव के लिए किसी रसद की आवश्यकता नहीं होती है।

आंख

शब्दों से हम जो परस्पर अपने मन के भाव प्रकट किया करते हैं, उसको हमें बहुत कुछ अपनी कोशिश से गढ़ लेना पड़ता है, कुछ-कुछ अनुवाद करने के समान ही समझो और वह हर वक़्त ठीक भी नहीं होता, शक्ति की कमी से अकसर उसमें भूल भी हो जाती है, किंतु एक गूंगी लड़की की काली आंखों को कभी कुछ अनुवाद नहीं करना पड़ता, मन अपने आप ही उन पर छाया डालता रहता है, मन के भाव अपने आप ही प्रकट हो जाते हैं।

आंख का धर्म देखना है। देखने में ही आंख को आनंद है, देखने में बाधा होते ही उसे कष्ट का अनुभव होता है।

आंसू

नारी! तूने अपने अथाह अश्रुओं से संसार के हृदय को उसी प्रकार घेर रखा है, जिस प्रकार समुद्र पृथ्वी को घेरे हुए है।

आकांक्षा

आत्मा को सर्वत्र उपलब्ध करना ही तो आत्मा की एकमात्र आकांक्षा है।

जो प्रकाश अदृश्य रहता है, और जिसका अनुभव अंधकार में ही होता है, उसके लिए मेरी आकांक्षा है।

मनुष्य में उच्च होने की आकांक्षा की कोई सीमा नहीं है।

हमारी आकांक्षा जीवन रूपी भाप को इंद्रधनुष का रंग दे देती है।

आकार

जो आकार रहित है, उसके आकार का ओर-छोर नहीं है।

आकार में आकारहीनता परिपूर्ण होती है। आकार-निराकार से अधिक पूर्ण है। निराकार ही यदि सही में पूर्णत्व होता तो आकार की कहीं कोई जगह न होती।

आचरण / आचार

विचार जब प्रकृति के साथ घुल-मिलकर एक हो जाते हैं, तब वे आचार बन जाते हैं।

समाज में सर्वसाधारण में प्रचलित व्यवहार-रीति को आचार कहते हैं।

आज़ादी

हमें तब आज़ादी प्राप्त होती है, जब हम अपने जीवित रहने के अधिकार का पूरा-पूरा मूल्य चुकाते हैं।

मैं आदमी की आज़ादी को मानता हूं। उसी आज़ादी की चोट से हम ठीक-ठीक जान पाते हैं कि कौन-सा सनातन सत्य है और कौन सी मिट जाने वाली कल्पना। इसी को जानने और जनाने की कोशिश करने पर ही समाज की भलाई निर्भर करती है।

आदमी / मनुष्य

आदमी भूल करता है, नाकामयाब भी होता है, दुःख भी पाता है, लेकिन बैठा नहीं रहता, जो ठीक समझता है उसके लिए अपने को समर्पित करता है। ऐसे ही पुण्य-सलिला, संसार नदी की धारा लगातार बढ़ती हुई साफ़-सुथरी रह सकती है।

दुनिया के सारे आदमियों के मन के साथ एक अटूट और गहरा रिश्ता जुड़ा है। उसमें कहीं भी एक जगह शक्ति की जो क्रिया होती है, वह दूसरी जगह को गहरे रूप से प्रभावित करती है।

आदमी का स्वभाव हर जगह एक सा है। हम कहा करते हैं कि हमारे देश में पति-भक्ति की एक ख़ासियत, जो यूरोप में नहीं है, लेकिन ऐसा नहीं है। यूरोप में भी पति-भक्ति की परंपरा का अभाव

नहीं है। हमारे देश की घरवालियों और पाश्चात्य घरवालियों के स्वभाव में ख़ास कोई फ़र्क़ दिखाई नहीं देता है।

आदमी में एक दुविधा है। बाहर की घटनाओं और बाहर की ज़िन्दगी की सारी चिंताओं और उद्वेग के बीचों-बीच जो आदमी बैठा हुआ है उसे हम अच्छी तरह पहचानते नहीं और भूले रहते हैं। लेकिन ज़िन्दगी के भीतर उसके वज़ूद को तो हम गायब नहीं कर सकते। बाहर के साथ उसके अंदर का सुर जब नहीं मिलता दोनों का मेल जब सुंदर और सभी तरह से पूर्ण नहीं हो पाता, तब उसके अंदर के आदमी के दर्द की टीस में मन का स्वभाव ज़ाहिर होता रहता है। इस दर्दको हम कोई ख़ास नाम नहीं दे सकते और न इसका इजहार कर सकते हैं, इसलिए इसकी जो रोने की भाषा है, वह सरल भाषा नहीं है। उसमें अर्थ-भरे शब्दों की अपेक्षा अर्थ ही सुर का हिस्सा ज़्यादा है।

ख़ास मनुष्य अपनी ज़िन्दगी में ख़ास खेल ही पूरा करने आया है और प्रसंगों में उसका चक्कर लंबे मोड़ के घेरे का सहारा लेकर आगे बढ़ता है, हर एक चक्कर अचानक अलग-अलग जान पड़ता है, लेकिन खोज की जाए तो मालूम होगा कि उनके बीच का बिंदु एक ही है।

आदमी के अंदर जो रचनाकार है, रचना उसी के हाथ में न रहे, तो काम नहीं चल सकता। यदि रचना का विषय ही उसे लांघकर

रचना के रूप में वज़ूद में जाना चाहे, तो उससे प्रतिच्छाया बन सकती है, प्रतिमूर्ति नहीं बन सकती।

आदमी के लिए एक न एक नशा तो चाहिए ही। बिना नशे के वह जी कैसे सकता है?

पुरुष मानुष राजा की जाति है, उसके मुश्किल काम के अधिकार को सदा ही आगे बढ़ाते रहना होगा, नहीं तो वह स्त्रियों से भी नीचा हो जाएगा, क्योंकि स्त्रियां अपनी स्वाभाविक कोमलता और प्रेम के जन्म से मिले देन द्वारा ही घर गृहस्थी में प्रतिदिन अपने स्वार्थ को सहज ही सार्थक करती हैं, किंतु पुरुष अपने को सार्थक करता है – प्रतिदिन के संघर्ष एवं युद्ध के द्वारा। किसी जमाने में राजा लोग बिना मतलब के ही राज्य बढ़ाने के लिए निकल पड़ते थे। ऐसा वे राज्य लोभ के लिए नहीं वरन् पुरुषत्व के गौरव को नए सिरे से क़ायम करने के लिए ही करते थे। इस गौरव में स्त्रियों को बाधा नहीं देनी चाहिए।

मनुष्य नश्वर है, आता है और जाता है, किंतु सदा के लिए दड़बा बनाने का भार भगवान मनु से लेकर उनके आधुनिक अवतार तक सबने ले रखा है। इस काम का उन्हें बड़ा शौक़ है।

जो सही पुरुष हैं वे सही स्त्री के बल से ही ऊंचा उठेंगे। हमारे खून में ही विधाता के हाथ का लिखा यह आदेश मौज़ूद है। जो विधाता के उस लेख को बेकार कर देता है, वह पुरुष कहलाने लायक नहीं है।

स्त्रियों को महान होने की ज़रूरत ही नहीं पड़ती। वे जो कुछ भी हैं, उतने में ही संपूर्ण हैं, पर जो पुरुष महान नहीं है, वह अभागा है, वह बड़ा नहीं है, वह अपूर्ण है। उसके लिए दुनिया बनाने वाला भी लज्जित है।

मनुष्य बहुत देर तक कठपुतली का नाच नहीं नाच सकता। मनुष्य के स्वभाव का सुधार किया जा सकता, किंतु उसमें समय लगता है। यह समझना भूल है कि स्वभाव को मारकर मनुष्य को कठपुतली बना देने से हमारा काम सरल हो जाता है। मनुष्य को आत्मशक्ति से पूर्ण और अपनी एक विचित्रता रखने वाले जीव के रूप में मानना ही सच है।

कभी-कभी अचानक किसी आदमी के साथ हमारे सुख और दुःख जुड़ जाते हैं। फिर उसके किसी भी आचरण की उपेक्षा कर पाना संभव नहीं होता पाता।

मनुष्य अपने वास्तविक रूप को अपने आप ही जान पाता, अंतर्यामी ही जान सकते हैं। अवस्था-चक्र में बाहर जो कुछ बन जाता है, संसार की दृष्टि में वही सच मालूम होता है।

मनुष्य का मन केवल पीछे की ओर देखा करता है, अनंत जगत उस तरफ मुड़कर देखता तक नहीं।

आदमी चीज़ की अपेक्षा नाचीज़ को ज़्यादा क़ीमती समझता है, यानी सोने-चांदी की अपेक्षा बात को, प्राणों की अपेक्षा मन को, अपने नाम को अपने से बड़ा मानता है।

मनुष्य आई हुई मुसीबत को ही बड़ा समझता है, उसके अलावा और भी कोई परेशानी आ सकती है – यह बात जल्दी उसके दिमाग़ में नहीं आती।

आदमी से आदमी को जितनी जलन होती है, उतनी शायद यमराज से नहीं होती।

कुछ व्यक्तियों का स्वभाव ऐसा होता है कि एक छोटी-सी कल्पना या एक छोटे से बच्चे या किसी बेमुरौवत मित्र के लिए बड़ी आसानी से अपने को पूरी तरह बिखेर देता है, और इस विशाल पृथ्वी पर सिर्फ़ एक छोटे-से प्यार के कारोबार में, वह अपने जीवन

का सारा मूलधन लगाकर निश्चिंत हो जाता है। फिर, या तो वह ज़रा से मुनाफ़े पर गहरे संतोष के साथ जीवन बिता देता है, या सहसा किसी दिन सवेरे अपना घर-द्वार सब कुछ बेचकर राह का भिखारी हो जाता है।

मनुष्य समाज एक मुश्किल भुलावे का जाल है। ठीक वक़्त पर ठीक काम करने की किसी को भी याद नहीं रहती, और उसके बाद फिर वह वे ठीक वक़्त पर बे-ठीक वासनाएं लेकर तड़फता रहता है।

जो मनुष्य साधु होते हैं उन्हें अहं दिखाई ही नहीं देता, वे लोग आत्मा ही देखते हैं उन्हें कहते हैं महात्मा। उनके जीवन में आत्मा का ही प्रकाश होता है।

मनुष्य आसक्ति के खिंचाव में अनेक पापों में भी लिप्त हो जाता है।

मनुष्य को ठगना असाध्य काम नहीं है, इसीलिए संसार में अनेक प्रकार के धोखे और आडंबर चलते रहते हैं।

जिससे मनुष्यत्व का अपमान होता है वह किसी भी दशा में उन्नति का रास्ता नहीं हो सकता।

मर्द-औरत का सम्बन्ध जहां रहकर सहज हो सकता है, हम अपनी प्रवृत्ति के बहाव में पड़कर उससे आगे बढ़ जाते हैं और इस तरह उसे ग़लत कर देते हैं।

ज़मीन पर चलने वाला मनुष्य आसमान में रहने की कोशिश करे तो आकाश में विचरने वाले देवता इसे कैसे सहेंगे।

जो आदमी जहां है वहां से बाहर की सच्चाई उसके पास यदि छोटी न बनी रही तो वह काम ही नहीं कर सकता, इसीलिए ईश्वर दूर के चीज़ों को आदमी की नजर में छोटा कर देता है।

आदमी के चेहरे को देखते-देखते कहीं भगवान का रूप न दिख जाए, इसलिए मजिस्ट्रेट सिर्फ़ क़ानून की किताब की ओर देखकर ही काम करते हैं। नहीं तो लोगों को कोड़े, जेल, कालापानी, फांसी की सज़ा देने के बाद उन्हें क्या नींद आती या कुछ खा-पी सकते थे?

आदमी नाम की चीज़ कितना बड़ा सत्य है और आदमी जिन चीज़ों की गुटबंदी करता है, लड़ मरता है, वे सब कितनी झूठ हैं।

जिस दुःख को सोचना भी सहने लायक नहीं होता, आदमी वह दुःख भी सह लेता है।

आदमी की अभिरुचि किसी ऐसे तत्व पर टिकी नहीं रह सकती, जिसके साथ वास्तविक मानवीय संबंध की संभावना न हो, भावनात्मक आदान-प्रदान की संभावना न हो।

मानव धरती का बालक अवश्य है, किंतु है स्वर्ग का उत्तराधिकारी।

आनंद

आनंद स्वभावतः मुक्त है, इस पर जोर नहीं चलता, हिसाब भी नहीं चलता।

आयु में आनंद है। समस्त शरीर के मंगल में व स्वास्थ्य में एक आनंद है। इसी आनंद का भाग कर देने से दो वस्तुएं प्राप्त होती हैं – एक ज्ञान और दूसरा प्रेम।

पीड़ा के परिमाण में ही आनंद का परिमाण है।

आश्रय

अनादर से पले हुए शरीर में एक बहुत बड़ा गुण यह होता है कि

वह अजर और अमर बन जाता है। एक तो बीमारी होना ही नहीं चाहती और मरने की सज़ा बड़ी सड़कें उसके लिए एकदम बंद रहती हैं। बीमारी उससे बस मजाक भर करती है, कुछ बिगाड़ नहीं सकती। ऐसे व्यक्ति के लिए आश्रय को कोई समस्या नहीं, लेकिन संसार में सबसे अधिक असमर्थ व्यक्ति को आश्रय देने का सबसे कठिन कार्य है। आश्रय की आवश्यकता जिसे सबसे अधिक है, वे आश्रय पाने के मार्ग में बाधाएं भी उसके लिए सबसे अधिक हैं।

आसक्ति

आसक्ति हमारे चित्र को विषय में आबद्ध करती है।

आहार

संसार के जल और थल विभाग की तरह मानव-जन्म भी आहार और प्रहार में विभक्त है और प्रहार का अंश ही ज़्यादा है।

इंसाफ़

बुराई तो बाहर से की जाती है, लेकिन इंसाफ़ करने के लिए भीतर बैठना होता है। केवल किसी घटना की वजह से किसी को क़सूरवार नहीं ठहराना चाहिए।

अंदर कहीं इंसाफ़ न हो, वहां बाहर अमन क़ायम करना सबसे बड़ा अशुभ है।

इंसानियत

जैसे-जैसे दिन बीत रहे हैं, आंखों के सामने साफ़ होता जा रहा है कि असाधारण ऊंचे दिमाग़ वाले लड़के धीरे-धीरे अपनी इंसानियत खोते जा रहे हैं। इससे बड़ा नुकसान कोई और नहीं हो सकता।

शारीरिक ताक़त में हम जिनके बिल्कुल ही बराबर नहीं हैं, उनके साथ देह के बूते पर कुश्ती लड़ने की कोशिश करने से भीतर की दुर्गति और भी बुरी हो उठती है। रोग सभी प्रकार के शरीरों के लिए दुःख का ही कारण होते हैं, किंतु कमजोर शरीर के लिए तो वे मारक हो उठते हैं। इंसानियत का अपमान करके कुछ दिन तक अपनी जीत का डंका बजाते हुए चलने में भी वे ही लोग सफल होते हैं, जिनमें बाहुबल होता है। हम उस तरह से नहीं चल सकते। ऐसा करने पर हम आगे-पीछे कलंक से काले होकर पतन की अंतिम सीमा में बदनामी के अंधकार के बीच खो जाएंगे।

इच्छा

विश्व में ईश्वरीय इच्छा ही तो मूलकर्ता है।

समस्त देह में एक इच्छा है, जो अगोचर है। वह है स्वास्थ्य की इच्छा।

इम्तहान

कभी-कभी इम्तहान लेते-लेते इम्तहान देना भी पड़ जाता है।

ईर्ष्या

जहां अयोग्यता होती है, वहां तेज ईर्ष्या भी होती है।

ईश्वर

ईश्वर अपनी सृष्टि को किसी एक हालत में सांकल से बांधकर नहीं रखते, उसे नई-नई तबदीलियों के बीच लगातार नया करते हुए चौकन्ना रखते हैं। तुम लोग इसी संदेश के हरकारे बनकर अपनी ज़िन्दगी को मशाल की तरह जलाकर ऊबड़-खाबड़ रास्ते पर बढ़ते चलो।

पत्नी जितनी अच्छी होती है, उसका अनादर भी उतना ही होता है। ईश्वर भी उन्हीं लोगों की शायद कठोर परीक्षा लेते हैं जो अच्छे हैं।

कलंक

कलंक मृत्यु का कारण होता है।

कलाकार

कलाकार प्रकृति का प्रेमी है, अतएव वह उसका दास भी है और स्वामी भी।

संसार का सबसे अरक्षित और असहाय जीव कलाकार है।

कवि

कवि केवल देखते हैं, जानते ही नहीं, प्रकाश भी करते हैं।

उदारता

क़िले को चारों ओर से घेरकर जब दुश्मन हमला कर रहा हो, तब उसे क़िले के हर गली-घाट, द्वार-झरोखे, प्रत्येक छेद को बंद करके जी-जान से उसके बचाव करने को उदारता की कमी नहीं कहा जा सकता।

उद्धार

नीचे के लोगों का उद्धार किए बिना किसी का भी सही-सही उद्धार कभी नहीं हो सकता।

उपकार

जो दूसरों पर उपकार जताने का इच्छुक है, वह द्वार खटखटता है, जिसके हृदय में प्रेम है उसके लिए द्वार खुलते हैं।

उपदेश

उपदेश देना कठिन नहीं है, उपाय बताना कठिन है।

उषा

रात्रि का अंधकार एक थैला है, जिसमें से उषा का स्वर्ण फूटकर निकल पड़ता है।

एकांत

दूब पृथ्वी पर अपनी सहचारियों की खोज करती है, वृक्ष आकाश में एकांत का अनुसंधान करते हैं।

ऐश्वर्य

ईश्वर में ही ऐश्वर्य का परिपूर्ण सत्य और परिपूर्ण स्वरूप प्रकाशित होता है। जगत में नहीं, विषय में नहीं, अपने निजी अहंकार में नहीं।

कपटी

जो कपटी हैं, वे सच्ची वस्तु दे भी कहां से सकते हैं? जिस तरह सोना नहीं बनाया जा सकता ठीक उसी तरह से खरी बातें भी नहीं बनाई जा सकतीं।

कर्तव्य

चुप न बैठकर कुछ-न-कुछ करने से फंदे में और भी गांठें पड़ सकती हैं। कुछ करने को ही कर्तव्य कहा जाए यह जरूरी नहीं है, कई बार न करना ही सबसे बड़ा कर्तव्य होता है।

कर्त्ता

यदि कर्त्ता होना चाहते हो तो तुम्हें मुक्त होना पड़ेगा, अतः गीता उसी योग को कर्मयोग कहती है, जिसमें हम अनासक्त होकर काम करते हैं।

कर्म

अनासक्त होकर कर्म करने से ही हमें कर्म पर पूर्ण अधिकार प्राप्त होता है।

कर्मफल

अपने अनिवार्य कर्मफल के आगे कोई जोर नहीं चल सकता।

कविता / काव्य

काव्य के माध्यम से आदमी अपने मन को भाषा में ज़ाहिर करने की कोशिश करता है। उस मन की किसी भी हालत की कोई भी झलक यदि किसी भी रचना में ज़ाहिर हो, तो आदमी उसे बटोरकर रख देता है, यदि ज़ाहिर न हो तभी उसे फेंक दिया करता है।

इसलिए मन के अनकहे आवेग को ज़ाहिर करने में बुराई नहीं, उसे ज़ाहिर करने की स्थिति में बुराई है।

असल में जहां ज़िन्दगी का सुंदर मेल है, वहां ज़िन्दगी किसी तरह भी पहुंच नहीं पा रही है। नींद में डूबी चेतना जैसे बुरे सपने के साथ लड़ाई करके किसी कदर जाग उठना चाहती है, ठीक वैसे ही भीतर का वजूद बाहर की सारी उलझनों को मिटाकर अपने को मुक्त करने के लिए संघर्ष करता है। उसके संघर्ष का वह माध्यम ही काव्य है।

पूरी सृष्टि में जैसे दो ताक़तों का खेल है, काव्य की दुनिया भी ठीक वैसी ही है। जहां अनमेलपन हद से ज़्यादा है, या सहजता जहां पूरी है वहां कविता लिखना शायद हो ही नहीं सकता। जहां अनमेलपन का दर्द ही ज़ोर-शोर से सहजता को पाना और ज़ाहिर करना चाहता है, वहां कविता बांसुरी के अटकाव के भीतर से निःश्वास की तरह राग-रागिनी बनकर बज उठती है।

प्राणीजनों के लिए काव्य में जिन आयोजनों-उपादानों की व्यवस्था होती है, वे कलकत्ता शहर में नहीं मिलते। यहां कहां है खिले अशोक-बकुल के विथि या विकसित माधवी का प्रच्छन्न लता मंडप? और कहां है, भला आम्र-कुंजों में बोलने वाली कोयल की कुहुकावली? फिर भी इस शुष्क कठोर सौंदर्यहीन आधुनिक नगर में प्रेम का इंद्रजाल एक बार आकर वापस नहीं जाता। गाड़ी और

घोड़ों की भीड़ में लोहे की पटरी पर दौड़ती ट्रामों के रेल-पेल में एक चिर किशोर प्राचीन देवता कामदेव अपना धनुष बाण लिए लाल पगड़ वाले सिपाहियों की आंखों में धूल झोंककर दिन-रात न जाने कहां और क्या-क्या किया करता है, कहना मुश्किल है।

काव्य शास्त्र में स्त्रियां ही मिलन के लिए निकलती हैं। संसार के नियम में रुकावट होने के कारण ही कवियों ने वैसी कल्पना की है। संशय करने वाले मन की जितनी सब बिखरी हुई इच्छाएं हैं, वे अंदर की अंधेरी कोठरी में भटकती हुई सिर धुनती हैं, दीवारों पर। उनकी बात को स्त्रियां पर्दे के बाहर किसी तरह स्वीकार करना नहीं चाहतीं।

क़ानून

क़ानून की बहुत धीमी चाल है। वह एक विशाल पेचीदा लौहयंत्र के समान है, नाप-तौलकर प्रमाण ग्रहण करता है और विकार शून्य भाव से सज़ा देता है। उसमें मानव-हृदय जैसा ताप नहीं है। बहुत से अपराध ऐसे हैं, जिन्हें देखते ही फौरन उनकी सज़ा न दे दी जाए तो अंतर्यामी विधाता-पुरुष देखने वाले के हृदय के भीतर, प्रवेश कर उन्हें जलाने लगते हैं। उस समय क़ानून की बात याद कर तसल्ली प्राप्त करने में दिल को शर्म आती है।

कहानी

और चीज़ों की तरह कहानी भी पुरानी पड़ जाती है, भूली-बिसरी हो जाती है और जो कहानी कहता है उसके बड़प्पन की पूंजी

भी धीरे-धीरे खत्म होती रहती है। इस तरह पुरानी कहानी की चमक जितनी घटती रहती है, उतना ही उस पर एक-एक परत रंग चढ़ाना पड़ता है।

कहानी तथ्यों की प्रदर्शनी नहीं है, किसी एक मानव परिचय की पूरी तस्वीर है, समग्र चित्र है, उसमें हमारे जीवन के अनुभवों ने पूर्णता पाई है।

जैसे नदी जल स्रोत की धारा है, वैसे ही मानव कहानी का प्रवाह है।

कांटा

कांटा कहां है, यह ठीक-ठाक जगह जानकर ही उसे निकाला जा सकता है भले ही वह मन का कांटा क्यों न हो।

काम

संसार में मौत के दिन तक रात-दिन काम में लगे रहना भी संभव नहीं है।

कामयाब

दुनिया में जो कामयाब होता है, वही सिर उठाता है और जिसकी कोशिश व्यर्थ हो जाती है, वह बिल्कुल नीचे दब जाता है।

कायरता

स्नेह के धन को क्रोध, द्वेष तथा ईर्ष्या के तूफान में बहाकर अपने गर्व की रक्षा करना कायरता है।

कार्य

कार्य के प्रति समर्पित लोगों में यह दोष होता है कि दूसरे लोगों की कार्य-कुशलता के प्रति वे आश्वस्त नहीं हो पाते। उन्हें डर इस बात का होता है कि अगर वे यह कार्य स्वयं नहीं करेंगे, तो दूसरे के हाथों में यह काम बिगड़ जाएगा।

कीर्ति

कीर्ति जीवन सरिता का झाग है।

धन्य है वह मानव, जिसकी कीर्ति उसकी सत्यता से अधिक प्रकाशमान नहीं है।

क्रोध

मत का जवाब मत से, दलील का जवाब दलील से दिया जा सकता है, लेकिन अक्ल के मामले में क्रोध करके सज़ा देना बहशीपन है।

जो मन के अफ़सोस को मुंह खोलकर कह नहीं सकता, उसी को गुस्सा ज़्यादा आता है।

क्षमा

सबसे उत्तम बदला क्षमा कर देना है।

जो हमेशा के लिए जा रहा हो, उसे क्षमा न कर सके, ऐसे कठोर बहुत ही कम होंगे।

असमर्थों के लिए गाली-गलौज ही तसल्ली है, इसलिए उन्हें क्षमा कर देना चाहिए।

ख्याति

किसी पूर्वतन ख्याति का उत्तराधिकार प्राप्त करना एक संकट मोल लेना है।

ग़लती

ग़लती से संदेह कर लेना अच्छा, किंतु संदेह न करके ग़लती करना घातक है।

गुरु

जो गुरु आंखों के सामने रहता है, उसके सामने न रहने वाले गुरु का असर कहीं ज़्यादा होता है, क्योंकि उस हालत में गुरु की मौज़ूदगी की कमी मन अपने अंदर पूरी कर लेता है।

गूंगा

प्रकृति के समान गूंगे की भी अपनी महिमा होती है।

गृहस्थी

गृहस्थी कठिन कर्तव्य से प्रेम को फूल की तरह तोड़कर अलग करने से फिर वह केवल अपने रस से अपने आपको सजीव नहीं रख सकता, धीरे-धीरे वह विमर्ष और विकृत होने लगता है।

गौरव

पुराने जमाने में हिंदू समाज के झरोखे खुले थे। उन दिनों अनेक जातियां हिंदू समाज में आ मिलने को एक गौरव महसूस करती थीं।

घड़ी

समय परिवर्तन का साधन है,. परंतु घड़ी उसका उपहास करती है। उसे केवल परिवर्तन के रूप में दिखाती है, साधन के रूप में नहीं।

घर

हम लोग आजकल जिनकी नकल करके मकान बनाते और सजाते हैं, अपने तौर-तरीके के उनके भी समाज हैं और उनकी सामाजिकता भी बहुत गहरी है। लेकिन हमारे यहां मुश्किल यह है कि हमारा सामाजिक तौर-तरीक़ा टूट गया है और साहबी सामाजिक तौर तरीक़ा गढ़ने का कोई रास्ता नहीं है। नतीजा यह है कि हर घर खुशियों से खाली हो गया है।

घर जिससे पवित्र रहे और दांपत्य धर्म को अनुमान या कल्पना से गढ़ा हुआ कलंक ज़रा-सा भी छू न जाए, इसके लिए सती-साध्वी स्त्रियों को कुछ अधिक सावधान रहने और शक्की नजर रखने में भी एक मिठास और महत्त्व है।

जो लोग सारी दुनिया की तरक्की का भार अपने कंधों पर लेकर चलते हैं, वे यह समझते हैं कि दूसरे के घर में कहां क्या घटित हो रहा है, यह ढूंढ निकालना भी उन्हीं की ज़िम्मेदारी है। उन्हें जिस बात की खबर नहीं मिल पाती, उसमें अपनी कल्पना से कुछ जोड़ लेने की क्षमता भी होती है।

चरित्र

स्वास की क्रिया के समान हमारे चरित्र में एक ऐसी सहज क्षमता होनी चाहिए जिसके बल पर जो कुछ प्राप्त है, वह हम अनायास

ग्रहण कर सकें तथा जो कुछ त्याज्य है वह बिना क्षोभ के त्याग सकें।

बात तो होकर चुक जाती है, लेकिन चरित्र तो वही रहता है, इसलिए जो हो चुका उस पर बहस करना जरूरी हो जाता है। चरित्र में परिवर्तन या उत्कर्ष वर्जन से नहीं, योग से आता है।

चिंता

मन जब चिंताओं से बोझिल रहता है, तब छोटा सा वाकया भी बहुत तूल पकड़ लेता है।

चिट्ठी

चिट्ठी एक बड़ी भेद-भरी चीज़ है, बाहर केवल नाम दिखाकर वह सारी बात भीतर रख लेती है, इसमें वह किसी को बिल्कुल बिना वजह बेचैन कर सकती है।

चुंबन

ईश्वर अपने प्रेम में सांत को चूमता है और मनुष्य अनंत को।

चोरी

अनुकरण ही चोरी है, स्वीकरण चोरी नहीं है।

छाया

छाया घूंघट डालकर प्रेम की मौन गति से, विनीत भाव से प्रकाश का अनुसरण करती है।

तुम अपने आपको नहीं देख सकते, तुम जो देख रहे हो, वह तुम्हारी छाया है।

जगत

जगत कितना मिथ्या है, वह केवल स्वप्न है, केवल मरीचिका है।

जगत (सृष्टि) की रचना करके ईश्वर स्वयं अपने को ही प्रकट करता है।

जड़ें

संसार के बड़े मामले जब प्रबल रूप से उत्पन्न होने लगते हैं, तब छोटी-छोटी बातें भी अपनी भूखी जड़ें लेकर विश्व पर अपनी मांगें फैलाने से बाज नहीं आतीं।

जाति

अपनी जाति की झूठी बुराई से बड़ा शायद ही कोई पाप है।

ज़िन्दगी

जो अपनी ज़िन्दगी का सारा भार भगवान को दे सकते हैं, उन्हें दूसरों का भार लेते कोई कठिनाई नहीं होती।

दुनिया में जो लोग अपनी ज़िन्दगी का रास्ता सख्त होकर चुन लेते हैं, वे बेफिक्र हो पाते हैं। जो अभागे यह रास्ता भी पकड़ना चाहते हैं और वह रास्ता भी छोड़ना नहीं चाहते, वे अपनी मंजिल से भटक जाते हैं – केवल रास्ते के कुत्ते की तरह मारे-मारे फिरते हैं।

आदमी की ज़िन्दगी की चाल एक बड़ी नदी सी है। वह अपनी गति से अकल्पित ढंग से ऐसी नई-नई दिशाओं में रास्ता बना लेती है जिधर को पहले उसका बहाव नहीं था। उसकी गति का यह अजूबापन, उसके ये कल्पना से परे के बदलाव ही ईश्वर की इच्छा होती है।

दुनिया में जो लोग हिम्मत करके अपनी ज़िन्दगी के मार्फ़त नई-नई उलझनों का हल निकालने को तैयार रहते हैं, वही समाज को ऊंचा उठाते हैं। जो केवल नियम मानकर चलते हैं, वे समाज को केवल ढोते हैं, उसे आगे नहीं बढ़ाते।

ज़िन्दगी की यादें ज़िन्दगी का इतिहास नहीं हैं, वह तो किसी अदृश्य चित्रकार की अपने हाथ से बनाई गई रचनाएं हैं। उनमें भिन्न-भिन्न

जगहों पर अलग-अलग रंग हैं। वह बाहरी साया मात्र नहीं है। वे रंग उसके अपने खजाने के हैं।

जीवन

जीवन ही जाल भरा है। वह अनंतकाल के हस्ताक्षर को जाल बनाकर चलाना चाहता है। मौत आकर उस पर हंसती है और धोखे के, जाल-फ़रेब के इन कागजों को लुप्त कर देती है। वह हंसी क्रूर हंसी नहीं, व्यंग-विद्रूप की हंसी नहीं, मोह-भरी रात के ढलने में शिव की हंसी की तरह शांत, सुंदर हंसी है।

झूठ

झूठी बात को ज़ाहिर करने के लिए भी तो सच्ची बात कहनी होती है।

ठोकर

ठोकरें केवल धूल उड़ाती हैं, धरती से फसलें नहीं उगाती।

तृप्ति

किसी चिड़िया को डाली पर आराम से बैठे देखते ही शिकारी का मन करता है कि उसे गोली का निशाना बना ले। पहाड़ पर कोई गिरता हुआ पत्थर देखते ही बालक का मन करता है कि उसे ठोकर मारकर नीचे लुढ़का दे। जो वस्तु हर वक़्त गिरने ही वाली

है, लेकिन किसी से अटकी हुई है, उसे गिरने से ही मानो संपूर्णता निबट जाती है और दर्शकों को तृप्ति मिलती है।

तर्क

संसार के कष्टों से मुक्ति तर्क के द्वारा नहीं मिलती।

ताकत

जिसके पास ताक़त है, वह अगर सेंध भी लगा रहा है, तो बहादुरी दिखा उसे पकड़ लेने पर वह झेंपकर सिर नहीं झुकाता, बल्कि उलटे चिमटा उठाकर परम साधु की भांति हुंकारकर मारने दौड़ता है।

त्याग

त्याग का प्रेम के साथ गहरा संबंध है – ऐसा संबंध है कि यह निश्चय करना कठिन है कि कौन आगे है और कौन पीछे। प्रेम के बिना त्याग नहीं होता और त्याग के बिना प्रेम असंभव है।

दृष्टि

दृष्टि हमारे काम में जितनी सहायता पहुंचाती है, उससे कहीं ज़्यादा हमें विक्षिप्त कर देती है। जितना देखने से भलाई होती है, आंखें उससे बहुत ज़्यादा देखा करती हैं। और आंखें जब पहरा देने का काम करती हैं, कान तब आलसी हो जाते हैं, जितना उन्हें सुनना चाहिए उससे वे कम ही सुनते हैं। और यदि ये चंचल आंखें,

अनुपस्थित हो जाएं तो बाकी सब इंद्रियां अपना कार्य शांति के साथ पूरा करने लगती हैं।

दान

जो स्वयं नहीं भोग सकता, वह प्रसन्न मन से दान भी नहीं कर सकता।

दिल

दिल बहुत बेहतरीन चीज़ है, लेकिन सबसे बेहतरीन नहीं।

दीपक

जो दीपक जलने के लिए पैदा हुआ है, उसमें तेल कम नहीं होता, वह तो रात-भर जलकर फिर बुझता है।

जो दीपक को अपने पीछे रखते हैं, वे अपने मार्ग में अपनी ही छाया डालते हैं।

दुर्बलता

दुर्बलता अत्याचार का मुख्य वाहन है। दुर्बल पर ही लोग अत्याचार करते हैं।

देश

आमतौर पर हमारे देश के लोग अपने देश और जाति के प्रसंग में कुछ लिहाज़ का भाव दिखाते रहते हैं, जैसे सही में गहराई तक उन पर विश्वास रखते हैं। इसलिए अपनी कविता में देश के बारे में जो चाहें कह दें, देश के प्रति उनकी श्रद्धा नहीं होती।

एक विचार-शून्य अनास्था से देश के रिवाजों की रक्षा के लिए पहले आस्था और प्रेम से देश को संपूर्ण रूप से अपनाना होता है, फिर स्वाभाविक स्वास्थ्य के नियम के अनुसार अपने आप भीतर से ही सफाई का काम होने लगता है।

हमारे देश की आज की हालत में श्रद्धा ही सबसे बड़ा पथ्य है। इस श्रद्धा की कमी से ही हम देश को संपूर्ण रूप से जान नहीं पाते।

देशभक्ति

तुम लोग जिसे देशभक्त कहते हो, मैं वह देशभक्त नहीं हूं, देशभक्ति से भी कोई बड़ी चीज़ हूं, उसे जो लोग सर्वोच्च नहीं मानते उनके लिए यह देशभक्ति मगर की पीठ पर चढ़कर पार जाने की नाव के समान है। झूठा-व्यवहार, नीचता, पारस्परिक अविश्वास, अधिकार पाने के लिए षड्यंत्र, जासूसी की आदत, ये सब बातें एक दिन उन्हें कीचड़ के गड्ढे में घसीट ले जाएंगी। इस गड्ढे के भीतर की भद्दी

दुनिया में दिन-रात झूठ की जो जहरीली हवा चल रही है, उसमें रहते हुए अपने स्वभाव से उस पौरुष की रक्षा नहीं कर सकते, जिससे पृथ्वी पर कोई बड़ा काम किया जा सकता है।

दोषी

आप जिसे समझ न पाएं उसे जल्दबाज़ी में दोषी न ठहराएं और जिन अक्षरों को आप समझ न पाते हों, उन्हें टकटकी लगाकर देखते रहने पर आप उन्हें समझ सकेंगे ऐसी आशा न करें।

अगर तुम सुखी रहना चाहते हो, तो बीती बातों को याद मत करो। दूसरों को दोषी मानने में जितना सुख है, दोष याद करने में उससे बहुत ज़्यादा दुःख होता है।

दोस्त

कई बार हम लोग चारों तरफ की हालत सोचे-बिचारे बिना आंख मूंदकर चलने लगते हैं – इससे दुनिया में दुःख फैलता है। ऐसी हालत में अगर कोई ऐसे सवाल उठाए कि हम क्या हैं, हमारी हद कहां है, हमारे आचार-विचार का फल कहां-कहां तक पहुंचता है, तब ये सवाल बुरे लगने पर भी उस सवाल करने वाले आदमी को दोस्त ही समझना चाहिए।

दोस्ती

अपना स्वाभिमान न भी हो, तो दोस्ती का ही एक स्वाभिमान होता है, उसे भुला देना मुश्किल होता है।

धरती

पैरों के नीचे धरती जब डगमगा उठती है तब हरेक पग पर ज़्यादा जोर देना ही होता है। जब चारों ओर विरोध दिखाई देता है और उसके कारण हमारी बातों और तौर-तरीक़ों में जो एक अस्वाभाविकता दिखती है, उसे ग़लत नहीं कहा जा सकता।

धर्म

धर्म-समाज की दुकान में जो व्यक्ति अपने ऊपर बहुत बड़े-बड़े अक्षरों में ऊंची कीमत का लेबल लगाए हुए रहते हैं, धीरे-धीरे और लोग भी उसका महंगापन कबूल कर लेते हैं।

जब धर्म की ओर सच्चा लगाव न हो, तब धर्म भी वंश, मान, रुपये-पैसे की तरह घमंड करने की चीज़ बन जाता है।

देवता को अलग करके देवता की पूजा के रस को छान लेने का बल अभी भी हमारे देश से टला नहीं है। इसीलिए आज भी धर्म को जहां हम सच्चाई में स्थापित नहीं कर पाते, वहीं अपनी भावुकता से उसे बला के दर्जे में डालकर उसका समर्थन किया करते हैं,

और इसीलिए ढेर के ढेर हमारे देश की भलाई के काम देश की सही सेवा नहीं, बल्कि देश के बारे में एक भाव मन में महसूस करने का कारण भर है।

नज़र

सभी को एक नज़र से देखना तो हमारे देश का चरम तत्व रहा है।

नफरत

एक बिल्ली को थाली के पास बिठाकर खाने में बुराई नहीं समझी जाती, लेकिन एक आदमी के उस कमरे में आने से खाना फेंक देना होता है। जिस जाति-भेद से आदमी के लिए आदमी में ऐसा अपमान और नफ़रत का भाव पैदा हो, उसे अधर्म न कहा जाए तो क्या कहा जाए? जो लोग आदमी की भयंकर उपेक्षा कर सकते हैं, वे कभी दुनिया में बड़े नहीं हो सकते। दूसरों की उपेक्षा उन्हें भी सहनी होगी।

नमस्ते / नमस्कार

नमस्कार द्वारा जीवन कल्याण से भर उठता है, सौंदर्य से फूल जाता है। यह नमस्कार केवल निविड़ माधुर्य ही नहीं है, प्रबल शक्ति भी है।

नम्रता

हम महानता के निकटतम होते हैं, जब हम नम्रता में महान होते हैं।

नाइंसाफ़ी

जो नाइंसाफ़ी सहता है वह भी कसूरवार होता है, क्योंकि वह दुनिया में नाइंसाफ़ी को बढ़ावा देता है।

नाइंसाफ़ी के खिलाफ़ उचित क़दम यही है कि उन्हें सहा न जाए।

निंदा

झूठ बोलना पाप है और झूठी निंदा करना और भी बड़ा पाप है। स्वजाति की निंदा से बढ़कर कोई दूसरा पाप नहीं है।

नियम

नियम मन के लिए एक दृढ़ अवलंबन है।

जिसकी बुद्धि ने विश्व के व्यापार में नियम को नहीं पहचाना, वह जीवन के हर विषय में अशक्त, अकृतार्थ और पराभूत है।

निर्धन

जितना मिले उतना पाने के लिए खींचा-तानी करना निर्धन को ही शोभा दे सकता है।

निष्ठा

शुष्क चित्त के मृत भार को केवल निष्ठा ही वहन कर सकती है।

न्याय

विश्व में न्याय के साथ अन्याय का मिश्रण रहना हमारे चरित्र विकास के पक्ष में अत्यंत आवश्यक है।

पछतावा

पछतावा तो ईश्वर की दया है। मैं कसूर करने से ही डरता हूं, पछतावे से नहीं।

पति

जिसे पति बनना है उसके लिए पुरुष बनना अति आवश्यक है।

पति की प्रसन्नता में ही पत्नी का सौभाग्य है।

पति को अपने हृदय और मन को अर्पण न कर देना घोर पाप है।

पति चाहे भला हो, चाहे बुरा, स्त्री के सतीत्व-गौरव के प्रमाण के लिए यह एक उपलक्ष्य मात्र है।

पति सर्वस्व है, पति प्रियतम है, पति देवता है, यदि वह पति की परिभाषा में ढला हुआ हो।

पराया

पेड़ की अपनी डाल टूटकर पराई हो जाए तो पेड़ उसे किसी तरह अपना नहीं सकता, लेकिन बाहर से जो लता बढ़ आती है उसे आसरा दे सकता है, यहां तक कि आंधी में उसके गिर जाने पर भी उसे फिर से उठा देने में कोई दिक़्क़त नहीं होती।

परिचय

परस्पर परिचय का अभाव ही मानव के प्रभेद को बड़ा बना देता है।

परिणति

सकल वस्तु परिणति के पथ पर है, किंतु फिर भी किसी वस्तु की परिसमाप्ति दिखाई नहीं देती।

परित्याग

जिसने सबका परित्याग कर दिया, वह अपनी आत्मा में एक क्षण के लिए भी परित्यक्त नहीं है, पथ ही जिसका घर है, उसके अंदर के आश्रय को कोई महाशक्तिमान अत्याचारी भी, एक मुहूर्त के लिए भी नहीं छीन सकता।

पवित्र

पवित्रता वह धन है, जो प्रेम के बाहुल्य से प्राप्त होता है।

साधना की सामग्री तो पवित्रता ही है।

पात्र

पात्र जितना गंभीर रूप से शून्य होता है, सुधा-रस से भरकर उतना ही अधिक पूर्ण होता है।

पाप

असत्य भाषण पाप है और झूठी निंदा करना और भी बड़ा पाप है। स्वजन की निंदा से बढ़कर कोई दूसरा पाप नहीं।

पारस

पारस के स्पर्श से जो क्षुद्र था उसमें एक क्षण में गौरव संचार हो

जाएगा, जो मलिन था, वह उज्ज्वल हो उठेगा और जिसका कोई दाम नहीं था उसका मूल्य बढ़ जाएगा।

पुस्तक

नेत्रों के सम्मुख जो वस्तु पड़ी हुई है, उसे जानने के लिए भी हमें पुस्तक का मुंह ताकना पड़ता है।

पूर्ण / पूर्णता

जिस परिमाण में हममें ज्ञान, प्रेम तथा कर्म का मिलन होता है, उसी परिमाण में हमारे अंदर की पूर्णता है।

पेटू

पेट की भूख मिट जाने पर भी पेटू के मन की भूख नहीं मिटती।

प्यार

सुंदर मुखड़े से, संसार की सारी सुंदर चीज़ों से चोट पाकर जिसकी गूंज हमारे मन के अंदर आ रही है, और किसी चीज़ की नहीं, लेकिन उस गूंज को हम शायद प्यार कहते हैं। यह देखा गया है कि आज जिसकी ओर हम आंख उठाकर देखते तक नहीं, कल उसी एक चीज़ ने हमारे पूरे मन को हर लिया है।

विश्वकवि का काव्य-गान जब आनंद से भरकर उन्हीं के मन में लौट रहा हो, तब अगर उसे हमारी चेतना के ऊपर से बह जाने दिया जाए तो हम संसार के संपूर्ण रूप को जैसे अनकहे रूप में जानने लगते हैं। जहां हम ऐसा महसूस करते और पाते हैं, वहीं हमारी प्रीति है।

असल में पहले उदगार की एक मामूली-सी खुशी धीरे-धीरे हमें एक ख़ास पहचान की ओर बढ़ा ले जाती है और तब पहले का लगा प्यार में बदल जाता है। असल में प्यार लगाव की बनिस्बत चुस्त होता है। वह सब कुछ को एक कौर में न लेकर धीरे-धीरे टुकड़े में चखता रहता है। प्यार जब जुटकर खंड में ही पूर्णता और सीमा में ही अनंत का इस्तेमाल कर सकता है, जब उसका मन सामने के विशेष में से ही आंखों से परे विस्तार में अपने को फैला देता है। तब वह जो कुछ भी पाता है, वह केवल उसके मन की अनगढ़ आंखों से पैदा हुई खुशी नहीं, बल्कि बाहर के साथ आंखों के सामने की स्थिति के साथ एकजुट होकर उसके मन का भाव पूरा सच हो उठता है।

काव्य के नायक के लिए तुच्छ को लेकर ही विशाल है, सीमा को लेकर ही असीम है, प्रेम को लेकर ही मुक्ति है। प्रेम की रोशनी पाने के बाद जहां भी कहीं नजर डालते हैं वहीं देखते हैं कि हद के अंदर भी हद नहीं है।

प्यास

देहिक प्यास के अतिरिक्त और भी एक प्यास मनुष्य में होती है। उसी प्यास की सूचना संगीत, चित्र, साहित्य आदि हैं।

प्रकृति

जो कार्य प्रकृति के करने का है, उसे मनुष्य हरगिज नहीं कर सकता।

प्रकृति ईश्वर की शक्ति का क्षेत्र है और जीवात्मा उनके प्रेम का क्षेत्र है।

प्रकृति के क्षेत्र में जो साधना करते हैं उन्हें शक्ति प्राप्त होती है।

प्रतिभाहीन

प्रतिभाहीन लोग घर बैठे अनेक तरह की कल्पनाएं किया करते हैं,किंतु अंत में कार्यक्षेत्र में उतरने के बाद उनके कंधों पर जब हल रखा जाता है और पीछे से पूंछ मरोड़ी जाती है, तब वे सहिष्णुता के साथ सिर झुकाए हुए दिन-भर खेत जोतने का काम करते हैं, और उसके एवज में शरीर को जो भर-पेट भूसा मिल जाता है, उसी में वे संतुष्ट रहते हैं। फिर उनमें उछल-कूद और उत्साह कुछ भी नहीं रह जाता।

प्रभु

प्रभु है और सर्वत्र है। इस तथ्य का हमारे ज्ञान में अभाव नहीं है कि हम अपने दैनिक जीवन में इस तरह आचरण करते हैं जैसे वह कहीं है ही नहीं।

प्रयोजन

प्रयोजन के दावे अत्यंत प्रबल हैं और वे असंख्य हैं।

विश्व में कोई प्रयोजन लेकर किसी मानव के पास जाना हमारे जीवन की एक अल्पता ही है।

प्रवृत्ति

हमारे रुझानों को जो अपने अंदर जकड़े-पकड़े रहता है, पूरी तरह बाहर नहीं निकलने देता, वही हमारी ज़िन्दगी को जहरीला कर देता है। मतलब-परस्ती हमारी प्रवृत्तियों को बाकी किसी नतीज़े तक पहुंचने नहीं देती, उन्हें पूरे तौर से अपनी जकड़ से अलग नहीं होने देना चाहती। अच्छे कामों में जब प्रवृत्तियां खुली छूट जाती हैं, तभी उनका बुरा पक्ष जाता रहता है और वे सहज हो उठती हैं। हमारी प्रवृत्तियों का सही नतीज़ा वही है और खुशी हासिल करने का रास्ता भी वही है।

प्रसन्न

सदैव प्रसन्न रहो, इससे मस्तिष्क में अच्छे विचार आते हैं और चित्त सुंदर कामों की ओर लगता है।

प्राप्ति

प्राप्ति ही प्राप्ति को घसीट लाती है।

मानव जब स्वभाव से भ्रष्ट होता है, तो कभी उसे मंगल की प्राप्ति नहीं हो सकती।

प्रियतम

संसार में रहते हुए इच्छा और अनिच्छा से, जान और अनजान में, भूल और भ्रांति में अनेक प्रकार के दुःख हुआ करते हैं। किंतु मन के भीतर अपने प्रियतम को अगर स्थिर कर लें, तो उस दुःख में भी एक प्रकार की शांति मिलती है, नहीं तो फिर गुस्से में बक-बक करते-करते ही जीवन बीत जाना है।

प्रेम / स्नेह

आदमी की समूची प्रकृति को क्षण भर में लोगों में जगा देने का साधन यह प्रेम ही है। चाहे जिस वजह से हो हम लोगों में इस प्रेम का उदय कमजोर होता है और इसीलिए हम सभी अपना प्रेम-स्नेह पूरा पाने से रह जाते हैं।

प्रेम में भी पुरुष अपने को पूरी तरह नहीं मिला सकते। बीच में कुछ अड़चन रखते हैं, जहां उनके पौरुष का अभिमान जागता रहता है।

भूल से बेसुरेपन से, अक्षमता से भी आनंद पाने की शक्ति प्रेम में ही होती है। बच्चा जब चलना आरंभ करता है तब ग़लत पांव उठाता है, बार-बार गिरता है, उसमें मां का स्नेह और उमड़ता है।

भोलापन प्रेम तो बर्बर होता है। उसकी बर्बरता पत्थर ठेलकर रास्ता कर देने के लिए होती है। वह पागल झरना है, भले नगरों के पालतू नल का पानी नहीं।

काम-काज के भीतर ही यदि प्रेम की जड़ न पनपे, तो भोग की बढ़ोत्तरी भी पूर्ण और स्थायी नहीं होती।

प्रेम का उत्सव भी केवल दो आदमियों से संपन्न नहीं होता। सुखभरी बातचीत की मिठाई बांटने के लिए फ़ालतू आदमी की भी ज़रूरत होती है।

दूरी के बाद फिर से मिलने में कुछ देर के लिए एक नई शर्म आ घेरती है, जिस जगह परस्पर एक-दूसरे से अलग होते हैं, ठीक

उसी जगह मिलने के पहले प्रेमी-प्रेमिका परस्पर एक-दूसरे से नए प्रेमालाप की आशा करते हैं।

जिससे प्रेम किया जाए, उसके निकट संबंधियों का संग भी मधुर लगता है।

प्रेम की नई कोपलों को छिप-छिपकर पानी से सींचना तरुणियों के लिए सबसे बढ़कर कौतुक की बात होती है। स्नेह जितना ही गुप्त और जितना ही एकांतिक होता है, उतना ही प्रबल हुआ करता है।

दिल के पहले स्नेह-रस से जिसे पाल-पोसकर आदमी बनाया गया हो, उम्र पाकर वही अगर अपनी बुद्धि, ज्ञान और ऊंचे स्वभाव के कारण श्रद्धा का अधिकारी बन जाए, तो उसके समान ऐसी बेहद प्यारी वस्तु संसार में शायद ही कोई हो।

फूल

प्रकाश जब काले बादलों का चुंबन करता है, तो वे स्वर्ण के फूल बन जाते हैं।

फूल की पंखड़ियों को तोड़कर तुम अपना सौंदर्य ग्रहण नहीं कर सकते।

बंधन

मनुष्य स्वयं अपने आप को बंधन में डालता है।

मनुष्य के हक़ को हड़पना ही तो बंधन है।

बचपन

किसी-किसी का बचपन जल्दी खत्म हो जाता है और किसी-किसी का बहुत दिनों तक रहता है।

जो नुक़सान कभी पूरा नहीं हो सकता, जिस विछोह का कोई इलाज नहीं, उसे भूलने की ताक़त प्राणशक्ति की एक ख़ास खूबी है और बचपन में वह प्राणशक्ति नई-नई और ज़बरदस्त रहती है, तब वह किसी चोट को गहराई से नहीं लेती, उसकी कोई अमिट लकीर खींचकर नहीं रखती। बच्चा अपनी मां की मौत को भी धीरे-धीरे भूल जाता है।

बचपन की हल्की-फुल्की ज़िन्दगी बड़ी-से-बड़ी मौत से आसानी से कतराकर दौड़ती हुई निकल जाती है, लेकिन ज़्यादा उम्र में मौत को इतनी आसानी से धोखा देकर निकल भागने का रास्ता पाना मुश्किल है।

बच्चा

छोटे बच्चे को यदि छोटा बच्चा रहने दिया जाए, यदि वह खेल सके, दौड़ सके, अपनी जिज्ञासा मिटा सके, तभी वह सहज और स्वाभाविक हो सकता है। इसके विपरीत यदि हम ऐसा ख़्याल बना लें कि बच्चे को घर से बाहर नहीं जाने देंगे, उसके खेल में दखल डालेंगे और उसे भले मानस की तरह शांति से बैठाए रखेंगे तो जरूर हम बहुत कठिन उलझन ही पैदा करेंगे।

शिक्षकों की दी हुई विद्या सीखने में बच्चे बहुत देर लगाते हैं, लेकिन शिक्षकों के मनोभाव सीख लेने में उन्हें कठिनाई नहीं उठानी पड़ती।

शब्द के मायने समझना ही मनुष्य के लिए सबसे बड़ी बात नहीं। शिक्षा का सबसे बड़ा अंग समझा देना नहीं, बल्कि मन पर चोट करना है। उस चोट के भीतर जो चीज़ बज उठती है, किसी बच्चे से यदि उसका खुलासा करने को कहा जाए, तो वह जो कुछ कहेगा, वह सहज लड़कपन जैसी ही कोई चीज़ होगी, लेकिन जो बात वह मुंह से कहता है, उससे उसके मन में उसकी गूंज ज़्यादा कहां होती है।

आजकल साहित्य के रस में काफी मिकदार में पानी मिलाकर बच्चों के लिए जो मन बहलाने वाली किताबें लिखी जाती हैं, उनमें बच्चों

को बिल्कुल बच्चे समझने का ही रुझान पाया जाता है। उन्हें आदमी ही नहीं समझा जाता। असल में कायदा ऐसा होना चाहिए कि बच्चे जो भी किताब पढ़ें, उसका कुछ तो उनकी समझ में आ जाए और कुछ न आए।

छोटे बच्चे को छाती से लगाकर ही समझ में आ जाता है कि दुनिया में जाति लेकर कोई नहीं जनमता।

बूढ़े और बच्चे कितने भी अच्छे क्यों न हों थोड़ी जान-पहचान से उन पर इतनी अधिक श्रद्धा और प्यार आमतौर पर मुमकिन नहीं होता।

दुनिया में जो अभागा बच्चा खेल की काफी चीज़ें पाता रहता है, उसका खेल ही मिट्टी हो जाता है।

बदनामी

मनुष्य की अच्छी बात तो दब जाती है, परंतु बुरी और बदनामी की बात जेठ की लू की भांति चारों ओर फैल जाती है।

बहू

जिस बहू की चमड़ी सास के शासन में सख्त हो जाती है, वह स्वयं सास बनकर बहू पर शासन करके आनंद पाती है। बहू आकर

लड़के को तो बस में कर ही लेती है। तब इतना कष्ट उठाने वाली, इतना स्नेह करने वाली मां न जाने कहां हट जाती है।

बात

बात करना आदमी की अपनी गढ़ी बात है, प्रकृति की देन नहीं।

बालक

जीवन की महत्त्वाकांक्षाएं बालकों के रूप में आती हैं।

प्रत्येक बालक यह संदेश लेकर संसार में आता है कि ईश्वर अन्य मनुष्यों से निराश नहीं हुआ है।

बालक समस्त मानव समाज की संपत्ति है।

बिलगाव

बिलगाव के समय प्रेम और घना हो उठता है।

बुद्धि

मनुष्य सर्वत्र ही अपनी क्षुद्र बुद्धि और तुच्छ प्रवृत्ति का शासन फैलाकर कहीं भी सुख शांति का स्थान न रहने देगा।

बुद्धिमान

थोड़ा पढ़ना, अधिक सोचना, कम बोलना, अधिक सुनना – यह बुद्धिमान बनने के उपाय हैं।

ब्रह्म

ब्रह्म जो विशेषताओं से रहित है, वह विशेष में ही ज़ाहिर होता है, किंतु उसके विशेष का ओर-छोर नहीं है।

जो ब्रह्म है, जो भूमा है, जो सबसे महान् है, उसी को मनुष्य के सामने रखने से उसके मन को सांत्वना मिल सकती है, दुःख निवृत्ति से नहीं।

ब्रह्म व्यापक रूप से सर्वत्र विद्यमान है।

ब्राह्मण

ब्राह्मण के लिए भक्ति ज़रूरी नहीं है। भक्ति आम लोगों की ही ख़ास चीज़ है। भक्ति और भगवान के बीच में जो पुल है, वह ज्ञान का ही पुल है। यह पुल जैसे दोनों को मिलाता है, वैसे ही दोनों की हद भी तय कर देता है। भक्त और देवता के बीच विशुद्ध ज्ञान की अड़चन न रहे तो सभी कुछ बिगड़ जाए। इसीलिए भक्ति में सफलता ब्राह्मण के उपयोग की चीज़ नहीं है। ब्राह्मण ज्ञान के शिखर पर बैठकर इस भक्ति के रस को आम लोगों के इस्तेमाल

के लिए, शुद्ध रखने के लिए तप करता है। इसी में ब्राह्मण का गौरव है।

ब्राह्मण वास्तव में वह है, जिसे भय नहीं है, जो लोभ से घृणा करता है, जो सहनशीलता से कष्टों पर विजय प्राप्त करता है, जो प्रभावों पर दृष्टि नहीं डालता, जिसने अपने विशुद्ध हृदय को परब्रह्म में लीन कर रखा है, जो अटल है, शांत है तथा युक्त है। उसी ब्राह्मण को भारतवर्ष पहचानता है।

भक्ति

साकार भक्ति आदमी के चिरंतन तत्वज्ञान का रूप है। इसीलिए रामप्रसाद और चैतन्यदेव-भक्ति इन्हीं सब मूर्तियों का सहारा लेकर सामने आई। भक्ति की ऐसी अनोखी ज्योति ग्रीस और रोम के इतिहास में कब देखी गई है।

तुम जिसकी मूर्ति कहकर बुराई कर रहे हो वह मूर्ति क्या है; यह केवल आंखों से देखकर ही नहीं जाना जा सकता। उससे जिसके मन को सुकून मिला है, जिसके दिल को चैन हासिल हुआ है, जिसकी ज़िन्दगी को सहारा मिला है, वही जानता है कि वह मूर्ति पत्थर की है कि ज्ञानरूप, एक हद बंद है कि हद से परे। हमारे देश का कोई भी भक्त हद में बंद ईश्वर की पूजा नहीं करता। हद में ही हद को भुला देना – यही तो उनकी भक्ति का आनंद है।

महापुरुषों के प्रति दूर से ही भक्ति तो की जा सकती है, लेकिन उनके साथ वैवाहिक संबंध खतरे से खाली नहीं होते।

भगवान

भगवान ने बहुत लोग बनाए हैं, लेकिन सबके लिए एक ही राह नहीं बनाई है।

भाग्य

भाग्य की कठोरता उस समय और भी असह्य हो जाती है जब भाग्य सुनहरा रथ ले आता है, परंतु जिसके पहिए बेकार होते हैं।

धर्म की जो परिणति है, वही मानव का चरम भाग्य है।

धर्म की परिणति आत्म में निहित ईश्वरत्व की पूर्ण अभिव्यक्ति है, जिसमें आत्म तथा सब कुछ ऐक्य की स्पष्ट अनुभूति हो जाती है। तो मानव का चरम भाग्य इसी सार्वभौमता – इसी ईश्वरत्व की प्राप्ति है।

भाग्यवान

वह मनुष्य बड़ा भाग्यवान है, जिसकी कीर्ति उसकी सत्यता से अधिक प्रकाशवान नहीं है।

भारत

ऐसे लोग कम नहीं हैं जो भारत को वर्जना की मूर्ति मानते हैं।

जो बहुत ऊंचाई से भारत को देखता है, उसके लिए देश के छोटे बड़े सब एक विशाल एकता के धागे में बंधे हैं। एक महान संगीत में घुल-मिलकर यह संपूर्णता दिखाई देती है।

आप शर्तिया जानिए, भारत की एक विशेष बनावट है, विशेष बल है, विशेष सच्चाई है, उसी के पूरे तौर पर भारत विकास के द्वारा सफल होगा, भारत का बचाव हो सकेगा। अंग्रेज़ों का इतिहास पढ़कर भी अगर हमने यह न सीखा, तो सभी कुछ ग़लत सीखा।

ईश्वर ने भारतीयों को ऐसा आदमी बनाया है, जो अलग-अलग तरह से चलते हैं, उनके अलग-अलग विश्वास और संस्कार हैं – लेकिन सबकी जड़ में एक ही इंसानियत है, उनके भीतर ऐसा कुछ है, जो हमारी अपनी चीज़ है, जो हमारे इस भारतवर्ष की चीज़ है, जिसे सही-सच्ची नज़र से देखने पर उसका सारा छोटापन, अधूरेपन का आवरण चीरकर एक अद्भुत महान सत्ता आंखों के सामने आती है। बहुत दिनों की बहुत सी साधनाएं उसमें छिपी हुई हैं, उसकी राख में जब भी बहुत दिनों की होम जाग जल रही है और वही भाग एक दिन आपके तुच्छ देश के ऊपर उठकर सारी दुनिया में अपने शोले जला देगी, इसमें ज़रा भी शक़ नहीं है।

पूरे भारतवर्ष की तस्वीर केवल पुरुषों की नजर से सामने आ नहीं सकेगी। जिस दिन हमारी स्त्रियों के सामने भारतवर्ष रुख लेगा, उसी दिन यह संपूर्ण और साकार हो सकेगा।

भारतवर्ष नाम की एक बहुत पुरानी सत्ता है। यह सत्ता छिपी रहकर भी बहुत पुराने बीते वक़्त से लेकर आने वाले वक़्त में बहुत बाद तक मनुष्य जाति के भाग्य-जाल में एक ख़ास रंग का धागा एक ख़ास ढंग से बनती रही है।

दूसरे देशों में ईश्वर को कम या ज़्यादा हद में किसी एक विशेष में बांधने की कोशिश होती है – भारतवर्ष में भी ईश्वर को विशेष में देखने की कोशिश होती है जरूर, लेकिन भारतवर्ष उसी विशेष को एकमात्र और अंतिम नहीं कहता। ईश्वर उस विशेष को कई तरह से पार करता रहता है, इस बात से भारतवर्ष से कोई भक्त कभी इंकार नहीं करता।

भारतवर्ष की सत्य प्रकृति और सत्य साधना को लेकर आप में काफी आस्था पैदा हो सके, हजारों रुकावटों और विकारों के बीच भी भारतवर्ष जैसी अपनी झलक दे रहा है, उस झलक की गहराई में आप जा सकें, तो और क्या कहूं, अपने देश के स्वभाव और ताक़त को फिर पाकर आप मुक्ति पा सकेंगे।

धरती पर बहुत सी ताक़तवर जातियां पूरी तरह मिट गई हैं। भारत ही, केवल संयम और सख़्ती से नियम पालन के कारण सदियों से विरोधी ताक़तों के वार सहता हुआ अपने को बचाए रख सका है। उस नियम में ज़रा सी भी सुस्ती क़बूल करने को भारत तैयार नहीं है। भारत का विदेशी आक्रांताओं ने सब कुछ लूटा है, लेकिन अपने जिस प्राण पुरुष को भारत ने जिस सख़्त नियम के भीतर छिपा रखा है उस तक किसी ज़ालिम राजा का वार पहुंच ही नहीं सकता।

भारतवर्ष का बदलाव भारतवर्ष के रास्ते पर ही होना चाहिए! एकाएक अंग्रेज़ी इतिहास का रास्ता पकड़ लेने से, एक छोर से दूसरे छोर तक सब कुछ लूला-लंगड़ा और बेकार हो जाएगा।

भारतवर्ष में कल्पना ज्ञान और भक्ति के साथ बहुत गहरे रूप से जुड़ी हुई है। हमारे राधा-कृष्ण और शिव पार्वती केवल ऐतिहासिक पूजा के विषय नहीं हैं, उनमें भक्ति आदमी के चिरंतन तत्व का रूप है। इसीलिए रामप्रसाद और चैतन्यदेव की भक्ति इन्हीं सब मूर्तियों का सहारा लेकर सामने आई है। भक्ति की ऐसी अनोखी ज्योति ग्रीस और राम के इतिहास में कब देखी गई है?

भाव

दूसरों के मन का भाव समझने में समय लगता है, परंतु कभी-कभी यह बात अपने विषय में भी लागू होती है। बहुत से लोग अपने मन के भाव भी नहीं समझ पाते।

भाषा

भाषा में जब प्रबल अनुभूति का संघात लगता है, तब वह शब्दार्थ की अधिकाधिक सीमा को लांघ जाती है।

भाषा से हम परस्पर एक-दूसरे को तथ्यगत संवाद जताते हैं और जनाते हैं, व्यक्तिगत मनोभाव।

भीख

जहां ज़ोर चल सकता है वहां भीख मांगने की क्या ज़रूरत है?

भोग

भोग को सीमित और कम करने में संपत्ति का यथार्थ गौरव है।

भोगी

जो मनुष्य भोगी होता है, वह हाथ जोड़कर अहं की अर्चना करता है। वह जीवनपर्यंत इस अहं का मुंह ताकते मरता है।

भोजन

अकाल में खाने के अभाव से जो व्यक्ति घुल-घुलकर मर रहा हो, उसके पास भोजन से हट्टा-कट्टा कोई व्यक्ति आकर यदि भोजन की भौतिकता के प्रति घृणा प्रकट करते हुए फूल की सुगंध और

पक्षियों के गति से मरते हुए का पेट भरना चाहे तो इसे कौन स्वीकार करेगा।

सुंदर हाथों से परोसा हुआ भोजन, चाहे म्लेच्छ का ही अन्न क्यों न हो देवता का भोग हो सकता है।

भ्रांति

बुद्धि शून्य मानव हृदय में भ्रांति किसी तरह से भी मिटती नहीं। युक्ति शास्त्र का विधान बहुत देर में मन में बैठता है। प्रबल प्रमाण का भी अविश्वास कर, झूठी आशा को दोनों बाहों में लपेटकर, अपनी छाती से चिपकाए रख जाए, तो वह अंत में एक दिन सारी नाड़ियों को काटकर, हृदय का खून चूसकर भाग जाती है और तभी चेतना आती है चेतना आने के बाद भी दूसरे भ्रांति-जाल में फंसने के लिए उसका चित्त व्याकुल होता रहता है।

यदि हम भ्रांति की संभावनाओं का मार्ग बंद कर दें, तो सत्य का मार्ग बंद हो जाएगा।

विवाह के समय स्त्री और पुरुष की ग्रंथि बांध देते हैं। उसे मंत्र के साथ बांध देते हैं, वही मंत्र मन में भी ग्रंथि बांध देता है।

मजाक

अच्छी और सही वस्तु का मजाक उड़ाना जितना सरल होता है, मजाक की वस्तु का मजाक उड़ाना उतना सरल नहीं होता।

मत

मतामत कुछ नहीं होते, अंतर की पूर्णता, स्थिरता और आत्म-प्रसाद सबसे अलभ्य चीज़ें हैं। बाद में सत्य क्या है, क्या झूठ, इसे लेकर चाहे कितनी बहस कर लें, परिणाम में जो सच है वही सही में सच है।

मन

मन का धर्म मनन करना है, मनन में ही उसे आनंद मिलता है, मनन में बाधा होने से उसे पीड़ा होती है।

उन्हीं में ऐसा मन का खुलापन देखने को मिलता है, जो दुःख के दिनों में दुःख बांटने आते हैं, लेकिन सुख के समय सुख बांटते नहीं, बल्कि बढ़ाने आते हैं।

जो चीज़ मन ही मन सोच-विचार करते वक़्त बिल्कुल मामूली दिखती थी, बाहर उसका चेहरा बेचैन कर देता है।

मन का रुझान जब ज़बरदस्त हो उठता है, तब हम यह सोचकर देखने का मौक़ा ही नहीं पाते कि क्या हम विश्वास करते हैं और क्या नहीं करते।

मनुष्य का मन केवल पीछे की ओर देखा करता है, अनंत जगत उस तरफ मुड़कर देखता तक नहीं।

मनुष्य की संगति ही मनुष्य के हर प्रकार के मन की विकलता की सबसे प्रमुख औषधि है।

पहाड़ी नदी की तरह मन का वेग अपने जन्म शिखर से बंधा नहीं रहना चाहता। किसी भी रास्ते को अपनाकर वह बाहर निकलने की कोशिश करता है। इसमें अगर वह सफल नहीं हो पाता, तो भीतर-ही-भीतर वह कसक उत्पन्न करता है। कविता के रूप में भी उसका प्रकट होना संभव है, लेकिन यदि कुंठाग्रस्त हो गए तो लेखनी किसी भी तरह से आगे न बढ़ सकेगी।

महान

कर्म में रहकर ही कर्म से महान हो सकते हैं। परित्याग करके या पलायन करके किसी प्रकार भी यह संभव नहीं है।

महापुरुष

जो महापुरुष हैं, वे संसार के ज्ञान को अपने महत्त्व से ही ग्रहण करते हैं और ग्रहण करने के बाद अपने जीवन में उतारकर जगत में उसकी सच्चाई का प्रकाश चमका देते हैं।

मां

मां-बाप की ओर से सुधार सह लिया जाता है, लेकिन पहरेदार की ओर से सुधार आए, तो वह सुधार अपमान से बढ़कर है।

बीमार बच्चा जब दवा नहीं खाना चाहता तब मां स्वस्थ होने पर भी खुद दवा खाकर यह समझाती है कि तुम्हारी और मेरी हालत एक सी है।

शक्ति के प्रारंभ में निष्ठुर की साधना करनी पड़ती है, अंत में शायद क्षमा हो। औरतें कहा करती हैं कि लड़कियां मां जाति की हैं, किंतु यह बात कुछ गौरव की नहीं है। मां तो स्वयंतः प्रकृति ने अपने हाथ से बना रखी है। जीव-जंतु भी इससे बच नहीं पाए हैं, उससे बड़ी बात यह है कि तुम लड़कियां शक्ति की प्रतीक हो, दया-माया के दलदल को पार कर सख़्त ज़मीन पर जाकर इसे प्रमाणित करना होगा।

हरेक मां लड़के की अपेक्षा लड़की को कहीं ज़्यादा अपने अंश के रूप में देखती है और लड़की में कोई कमी होने पर वे उसे अपने लिए मानो ख़ासतौर से शर्म की बात मानती हैं।

मातृभूमि

हे मातृभूमि! धन और यश तुझसे ही मिलता है और यह तेरे ही वश में है कि तू उन्हें दे अथवा अपने पास रखे। किंतु मेरा शौक़ बिल्कुल अपना है और जब में इसे भेंट करने के लिए तेरे पास लाता हूं, तो तू मुझे आशीर्वाद देती है।

मानव

कितना भी छोटा आदमी क्यों न हो, उसे कभी मनुष्य से हीन मत समझना। यही समझना कि वह महान् मानव जाति का एक घटक है। किसी विशिष्ट जाति, कौम, राष्ट्र या देश का है, ऐसा कभी नहीं सोचना चाहिए।

मनुष्य निर्दयी होते हैं, परंतु मानव स्वभाव दयालु है।

मित्रता

संसार में मित्रता के कर्तव्य को ही सबसे अधिक लांछना भोगनी पड़ती है, इसलिए मित्रता के गौरव को बहुत महत्त्व देना चाहिए।

मिथ्या

मिथ्या के झोले को सत्य मानकर वहन करने में तो तुम्हारा कल्याण नहीं होगा, उससे तो तुम्हारी महत्ता ही नष्ट होती है।

मुक्ति

कर्म को स्वार्थ की ओर से परमार्थ की ओर ले जाना ही मुक्ति है, कर्म का त्याग मुक्ति नहीं।

मुक्ति हमें योग में लाती है और वैराग्य हमें प्रेम पथ पर लाकर खड़ा कर देता है।

मुक्ति शून्य में नहीं, पूर्णता में है, पूर्णता सृष्टि करती है, ध्वंस नहीं करती।

मुसीबत

मुसीबत जाना ही नहीं चाहती, एक जाती है तो दूसरी आ खड़ी होती है।

मुसीबत के वक़्त दुनिया की बहुत बड़ी और अच्छी चीज़ों से पहचान हो जाती है।

मूलधन

ईश्वर ने आपको अपना काम करने के लिए, पृथ्वी पर भेजा है। इसका मतलब यह नहीं कि आप अपने शरीर की अनदेखी करें। जो दाता हैं, उन्हें भी क्या इस बात को हमेशा याद कराने की ज़रूरत है कि अपने मूलधन को कभी नष्ट नहीं करना चाहिए। ऐसा होने पर दान देने की शक्ति चली जाती है।

मृत्यु

मृत्यु थकावट के समान है, किंतु सच्चा अंत तो अनंत की गोद में ही है।

बिज़नेस मृत्यु-दिन के सिवा किसी दिन के आगे अपना सिर नहीं झुकाता।

मृत्यु सबसे अधिक निश्चित है। वह जीवन की समस्त गति-स्रोतों के लिए चरम समुद्र है। उसमें सब सच-झूठ, भले-बुरे का अंतिम मेल-जोल हुआ है।

मृत्यु जीवन के अग्रसर होने, उसे नवीन दिशा में बढ़ाने का माध्यम है।

मृत्यु जीवन की प्रवृत्तियों की समाप्ति नहीं है, एक नई दिशा में प्रवाहित होने का माध्यम है।

मौत की छाप जीवन के सिक्के को मूल्यवान बना देती है। इसलिए जीवन देकर वास्तव में मूल्यवान वस्तु को खरीदना संभव हो जाता है।

मौन

मौन अनंत की भाषा है। जैसे घोंसला सोती हुई चिड़ियों को आश्रय देता है, वैसे ही मौन तुम्हारी वाणी को आश्रय देगा।

यथार्थ

खयालों में गढ़ी मूर्ति से डरने की कोई वजह नहीं है, केवल यथार्थ चीज़ों से ही डरने की वजह हो सकती है।

युद्ध

धर्म-युद्ध में मरने के बाद भी बहुत कुछ बाकी रह जाता है, हार को पार करके मिलती है जीत, और मृत्यु को पार करके मिलता है अमृत।

योग्यता

योग्यता के अभाव में यदि हम परस्पर मिलना-जुलना बंद कर दें, तब हममें से बहुतों को अज्ञातवास का व्रत लेना पड़ेगा।

जितना कुछ पाने की योग्यता है उतना ही पाकर सुखी हो जाएं, तो यह बहुत ही अच्छा है। इससे अधिक जो कुछ मिलता है, वह भार-स्वरूप ही है और उसमें दुःख ही है।

रमणी

रमणी! तेरे हास में जीवन-स्रोत का संगीत है।

घर के कामों में रमणी का सौंदर्य जितना विविधतापूर्ण और व्यक्तित्व जितना मधुर होता है वैसा और कहीं नहीं होता है।

राजनीतिज्ञ

राजनीति-जीवियों की उनकी नाना प्रकार के छल और चतुराइयों के लिए, हम तारीफ़ कर सकते हैं, किंतु उनके प्रति भक्ति नहीं कर सकते।

रात्रि

रात्रि को निद्रा के समय, हम प्राण के जाल तथा चेतना के जाल का प्रसार बिलकुल बंद रखते हैं। वह संशोधन तथा क्षतिपूर्ति का समय है।

राष्ट्रतंत्र

राष्ट्रतंत्र के अनेक पापों और दोषों में से एक सबसे बड़ा पाप या दोष है। उसमें स्वार्थ ढूंढना मतलब गांठने की फ़िराक में रहना। राष्ट्रीय स्वार्थ बहुत बड़ा स्वार्थ है, फिर भी स्वार्थ की जो गंदगी है, वह उसमें आए बिन नहीं रह सकती।

राष्ट्रवादी

पृथ्वी-भर के राष्ट्रवादी आजकल जानवरों जैसी गरज के साथ इस भयंकर झूठी बात की घोषणा करने में लगे हैं कि देश की आत्मा को मारकर भी देश के प्राण बचाए जा सकते हैं। इसका विरोध करने की इच्छा किसकी छाती में असह्य तेजी के साथ घुमड़-घुमड़ नहीं उठेगी?

रास्ता

बहुत सी चीज़ें ऐसी हैं, जो ख़ुद अपना रास्ता ढूंढ लेती हैं, उन्हें कोई सहारा नहीं देना पड़ता। वह घर-घर में अपनी राह बनाती हुई सर पर जा चढ़ती है, लेकिन ऐसा क्यों होता है? इसके लिए कोई तर्क़ खोजने की ज़रूरत नहीं है।

रुपया

रुपया अच्छी चीज़ नहीं है। वह मन को दबा देता है, हृदय को ढक देता है। मन जब राज़ करता है तो वह अपना सुख अपने आप ही गढ़ लेता है, किंतु धन जब सुख इकट्ठा करने का भार लेता है तो मन के लिए फिर कोई काम नहीं रह जाता। तब पहले जहां मन का सुख रहता था, घर की चीज़,-बस्त, असबाब वग़ैरह उस जगह को घेर लेता है। तब सुख नहीं मिलता, सुख के बदले मिलता है, सिर्फ़ असबाब वग़ैरह।

रूठना

अंधे के आगे रूठने की वास्तविकता को बचाना बड़ा मुश्किल है।

रूप

रूप कोई अच्छी वस्तु नहीं है, वह मन को दबा देता है, हृदय को ढक देता है।

लड़की को अपना रूप देखकर अपनी क़ीमत का आकलन नहीं करना चाहिए। जो व्यक्ति उसे देखने आए हैं, वे जो क़ीमत उसकी लगाएंगे, वही उसका मोल है। यही कारण है कि रूप-गुण कितना ही क्यों न हो, उससे नारी का संकोच दूर नहीं होता।

रोगी

डॉक्टर के निराश हो जाने पर रोगी सदैव मर ही जाता है, ऐसी बात नहीं है।

लक्ष्य

आत्मा में परमात्मा का साक्षात्कार करना ही जीवन का परम लक्ष्य है।

तीर लक्ष्य से चूक सकता है, किंतु तरकश में वापस नहीं लौट सकता।

लज्जा

यह बात याद रखनी चाहिए कि व्यर्थ की लज्जा आवश्यक लज्जा को मार डालती है।

लज्जा तो दुर्बल स्वभाव का लक्षण है। बहुत से व्यक्ति अपने पिता का परिचय देने में भी लज्जा का अनुभव करते हैं।

लड़का

लड़कों के क़सूर को हम बड़ों के पैमाने पर मापा करते हैं और यह भूल जाते हैं कि छोटे लड़के झरने के समान गाते हुए से चलते हैं।

वह पानी यदि दोषों को छूता है, तो इसमें निराश होने का कोई कारण नहीं, क्योंकि चलने में सभी दोषों को सहज मिटा डालने का भाव मौज़ूद है। गति जहां रुकती है वहीं खतरा है और वहां सावधान होना ही चाहिए।

लड़की

आधुनिक लड़कियां आंखों देखे प्रमाण पर भी विश्वास नहीं करती, तब इनसे क्या कहा जाए? दो और दो चार होते हैं और होंगे अब इसमें मनुष्य दुःखी हो या सुखी, इस तथ्य को भी ये मौका पड़ने पर अनायास ही अस्वीकार कर सकते हैं। युक्ति काले को काला कहती है, किंतु इनके प्रेम को यदि यह न जंचा, तो ये उसे सफ़ेद मान लेंगी। इन्हें लेकर तो संसार नहीं चलाया जा सकता।

लाभ

प्रेम में जो त्याग है वही लाभ है। जिससे प्रेम करते हैं, उसे देना लाभ ही है।

लालच

लालची लोगों का बुरा हाल होता है। जो सामने है उसके लालच में आगे मिलने वाले लाभ को खो बैठते हैं।

वचन

मनुष्य तो केवल वचन ही दे सकता है, पर उसे सफल करना जिसके हाथ है, उसी पर भरोसा करना ठीक है।

वर्तमान

भय, चिंता, दुःख, कष्ट, ये सभी कुछ बढ़-चढ़कर अनुभव होते हैं। वर्तमान वह नीच वस्तु है, जिसमें छोटे मुंह बड़ी बात है। वह मुखौटा लगाकर हमें डराता है, जैसे हम लोग क्षण की गोद में नाचते हुए बच्चे हों। मृत्यु उस मुखौटे को छीनकर फेंक देती है।

वर्षा ऋतु

वर्षा ऋतु अरण्य-प्रकृति के लिए ही अधिक उपयोगी होती है। कस्बे और शहर में वास करने वाले लोगों के लिए वह उतनी प्रीतिकर नहीं होती। शहर के घर में अपनी जर्जर खिड़की और छत लिए, पथिक हाथों में छाता लिए, ट्राम गाड़ियां पर्दे लिए, इस वर्षा को रोकने-थामने की चेष्टा में और भी परेशान और कीचड़ से लथपथ हो जाते हैं, जबकि नदी, पर्वत, जंगल और ग्राम-प्रांतर ये सभी वर्षा को अपना बंधु मानकर इसका आह्वान करते हैं। वहीं वर्षा का उपयुक्त आदर होता है।

वस्तु

जहां जिस वस्तु का स्थान न हो, वहां वह केवल अनावश्यक ही नहीं अनिष्टकर भी हो जाती है।

जो वस्तु बाहर की है, वह बाहर ही रखनी पड़ेगी, उसे अंतर में ले जाने पर वह वहां का जंजाल बन जाती है।

वासना

वासना यदि जीवन में सबसे प्रबल हो उठे, तो हमारा जीवन तामसिक अवस्था के त्याग में समर्थ नहीं होगा।

विघ्न

विघ्न हमारे हृदय की संपूर्ण शक्ति को जागृत करने के लिए ही आते हैं।

विछोह

विछोह की तपिस औरत के सौंदर्य को नाजुक कर देती है।

विज्ञान

विज्ञान में सत्य-मिथ्या का विचार ही अंतिम विचार है।

विद्या

यमराज चोरी की विद्या में बड़ा दक्ष है और मूल्यवान वस्तुओं पर ही उसका लोभ है।

विधान

विधान को संपूर्णतया स्वीकार करने पर ही विधान में हमारा कर्तव्य अधिकार जन्मता है।

विरह

विरह का ताप रमणी के सौंदर्य को सुकुमार कर देता है।

विवाह

नारी-जीवन का साधना मार्ग विवाह ही है। यह चाहे सुखमय हो, अथवा दुःखमय, उसे एकाग्रचित्त से ग्रहण करना चाहिए। गृहस्थाश्रम का व्रत स्त्रियों के लिए सर्वश्रेष्ठ व्रत है।

लड़कियों की पसंद की चिंता न करके माता-पिता की पसंद से विवाह करना बर्बरता है।

मन का मन से मेल होने से विवाह होता है, उस वक़्त क्या मंतर पढ़ाया गया, इससे क्या आता-जाता है?

विश्वास

जो जाति या राष्ट्र अपनी नई ज़िन्दगी शुरू करता है, उसमें विश्वास की ज़बरदस्त शक्ति अवश्य होनी चाहिए।

विश्वास करने की शक्ति सबमें समान नहीं होती।

विश्वास वह पक्षी है जो प्रभात के पूर्व अंधकार में ही प्रकाश का अनुभव करता है और गाने लगता है।

जिनमें विश्वास नहीं है, उनमें कोई उम्मीद भी नहीं है।

इस बात पर विश्वास करते हुए भी कि जो लोग बाहरी तौर पर बड़े भले दीखते हैं, अंदर से वे बड़े अच्छे नहीं होते, कुछ लोग उनके द्वारा ठगे जाने के लिए तैयार बैठे रहते हैं। निश्चय ही वे अपनी तुच्छ बुद्धि की मर्यादा को बनाए रखने के लिए किसी की साधुता पर संदेह करने को तैयार नहीं हैं।

विश्राम

कार्य के लिए विश्राम वैसा ही है, जैसा नेत्रों के लिए पलकों का होना।

विश्राम में भी उद्यम की गति है। शांत समुद्र की तरंगें गतिहीन नहीं हैं।

विषमता

हमारी रुचि आकांक्षा, चेष्टा सभी एक-दूसरे से भिन्न केंद्र का आश्रय होकर एक अपरूप मूर्ति धारण करके बैठी है। प्रत्येक कार्य में एक-दूसरे के साथ धक्का-मुक्की, विघ्न बाधा चल रही है। छीना, झपटी, खींचातानी का कोई अंत नहीं है। इससे इतनी विषमता तथा इतने उत्ताप का जन्म होता है जिसकी सीमा नहीं है।

वीणा

दुनिया में ऐसी जगह ही नहीं, जहां विश्वरूपी वीणा के हजारों-लाखों तार निरंतर सुर में न बंधे हों और तब जो कुछ नजर आता है, जो कुछ हाथ लगता है, उसी से महफ़िल जम उठती है, कहीं दूर नहीं जाना पड़ता।

वैधव्य

कलाकार कहते हैं कि खंडहर का भी एक सौंदर्य होता है, लेकिन किसी घर को केवल चित्र के रूप में देखने से ही काम नहीं चलता, चूंकि उस घर में रहना पड़ता है। कलाकर कुछ भी कहता रहे, उस घर की मरम्मत जरूरी है। वैधव्य के बारे में, दूर बैठकर, चाहे तुम कितनी भी कविता लिखना चाहो, किंतु यह तुम्हें याद रखना चाहिए कि उसमें आकांक्षाओं से भरा एक मानव हृदय अपनी विचित्र वेदना के लिए वास करता है।

वैराग्य

प्रत्यक्ष वास्तव के प्रति हमारी अश्रद्धा को जगा देना वैराग्य साधना का श्रेष्ठ उपाय है।

व्यक्ति

इस संसार में हम केवल यथार्थ वस्तुएं ही नहीं हैं जैसे कि पत्थर के टुकड़े होते हैं, हम तो व्यक्ति हैं और इसलिए हमें इससे संतोष नहीं होता कि हम परिस्थितियों के प्रवाह के साथ बहते जाएं।

स्वकीय विशेषताओं में जो व्यक्त हुआ है, उसी को व्यक्ति कहते हैं। यह व्यक्ति सर्वथा स्वतंत्र है। विश्व में उसके संपूर्ण अनुरूप दूसरा नहीं है।

व्यवसाय

अपने व्यवसाय के काम पर श्रद्धा करके ही पुरुष अपने पर श्रद्धा करता है। यह उसकी शक्ति के आगे उसका समर्पण है।

शक्ति

जो शक्ति हाथ से पर्वत को न ठेल सकती हो, कमज़ोर कहकर उसकी बुराई न करो।

जो शक्तिशाली के विरुद्ध लड़ाई करता है, वह बिना उपाय के होकर भी उस शक्तिशाली की बराबरी में खड़ा हो जाता है। इससे ही उसके सम्मान की रक्षा होती है।

सबको प्रसन्न करने की शक्ति सब में नहीं होती। स्त्री अगर मन की श्रद्धा-भक्ति से पति की सेवा और गृहस्थी का काम करे तो पति उसे तुच्छ समझकर भले ही ठुकरा दे, स्वयं जगदीश्वर उसे ज़रूर अपना लेते हैं।

विश्वास करने की शक्ति हरेक में समान नहीं होती।

सबको प्रसन्न करने की शक्ति सब में नहीं होती।

शत्रु

शत्रु को यदि शत्रु कहकर उससे बैर न करोगे, तो उसके विरुद्ध हाथ चलाओगे कैसे?

शिकायत

दुनिया में जो लोग शिकायत नहीं करते, चुप रह जाते हैं, उन्हीं को क़सूरवार ठहराया जाता है।

शिकारी

कौन दुष्ट है और कौन शिष्ट, शिकारी इस बात को चिड़िया की आंखों से नहीं देखता, अपनी ही आंखों से देखता है। इसीलिए गोली खाने के पहले ही जो चौकन्नी चिड़िया शोर मचाकर जात-बिरादरी वालों को भगा देती है, शिकारी उसे कोसता है।

शिक्षा

पढ़े-लिखे लोगों को आगे करने के लिए ही दूसरों को आगे बढ़ाना होगा, ऐसी बात नहीं है, बल्कि दूसरों को बड़ा करने में ही पढ़े-लिखों का गौरव है – उनकी शिक्षा का गौरव है।

साधनों की भरमार होने से मन आलसी हो जाता है और वह बराबर भाग्य पर ही सब कुछ छोड़कर बैठ जाता है और यह भूल जाता है कि खुशियों के भोज में बाहर की बनिस्बत अंदर का रख-रखाव ही प्रमुख है। बचपन में आदमी की सबसे पहली शिक्षा यही है।

शिशु

इतिहास की धूलि से मलिन न होते हुए, शिशु अनंतकाल के रहस्य में सदैव निवास करता है।

देवालय के गंभीर अंधकार में से शिशु धूल में बैठने के लिए बाहर

भाग जाते हैं। ईश्वर उन्हें खेलते हुए देखकर उनकी रखवाली करता है और पुजारी को भूल जाता है।

जीवन की महत्त्वाकांक्षाएं शिशुओं के रूप में आती हैं।

नीरव रात्रि में माता का सौंदर्य आभासित होता है और कोलाहलपूर्ण दिवस में शिशु का।

महापुरुष जन्मसिद्ध शिशु है। जब वह मरता है, तो शिशुत्व संसार को प्रदान कर जाता है।

शील

शील द्वारा ही चरित्र का निर्माण होता है, शील हमारी गति के लिए संबल है।

शैशव

कुछ लोगों का शैशव शीघ्र समाप्त हो जाता है कि मनुष्य अपने शैशव-काल में ज्ञान प्राप्त कर ले।

भगवान इस बात की प्रतीक्षा करता है कि मनुष्य अपने शैशव-काल में ज्ञान प्राप्त कर ले।

शौक़

शौक़ को जब कोई अंधेरे में गला दबाकर मारना चाहता है, तब वहां किसी गवाह का बैठा रहना उसे अच्छा नहीं लगता।

अवसाद या शौक़ मन की भाव-सीमा में बंधकर रहना नहीं चाहते, वे बाहरी कृच्छ साधनों में भी अपने को सच कर देखने की चेष्टा करते हैं।

श्रद्धा

संसार में शैतान के ऊपर श्रद्धा रखना और भूत से डरना एक बराबर है। दोनों का नतीज़ा यह होता है कि बीमारी के सही इलाज की ओर रुझान ही नहीं होता।

संकल्प

जब किसी चीज़ के विरुद्ध अतिरिक्त मात्रा में शक्ति का प्रयोग किया जाता है, तो उसका जोर भी कम हो जाता है। यदि हम किसी से रुष्ट होकर यह प्रण करें कि हम इसके किसी भी प्रसंग को अपने मन में स्थान नहीं देंगे तो उसकी प्रतिमा हमारे मन में सदैव जागृत रहती है। उसे भूलने का कठिन संकल्प ही उसे याद रखने का सबसे बड़ा साधन बन जाता है।

जिनका संकल्प अच्छा होता है, उनकी सहायता भगवान करते हैं।

संगीत

विश्व मुझसे चित्रों की बात करता है, मेरी आत्मा संगीत में उत्तर देती है।

संदेह

किसी बात पर संदेह तो ढेर सारे लोग कर सकते हैं, लेकिन कहीं से कुछ बटोर लाना हजारों में किसी एक के बूते की बात होती है।

संयम

संयम ही सीमा की तर्जनी से असीम का निर्देश करता है।

संसार

यह संसार प्रचंड तूफानों का संसार है। सौंदर्य संगीत शांत किए हुए है।

सजा

अभी तक कसूर की जो सज़ा है, भूल के लिए भी वही सज़ा है। दोनों के लिए एक ही जेल में कोल्हू चलाना पड़ता है। यह कैसे हुआ, इसके लिए किसी एक आदमी को क़सूरवार नहीं ठहराया जा सकता। समूचे आदम-जाति का गुनाह ही इसके लिए ज़िम्मेदार है।

सड़ना

सड़ने का कारण हवा में ही होता है, किंतु जीते रहें, तो उससे बंधे रहते हैं, मर जाएं तो सड़ने लगते हैं।

सतीत्व

सतीत्व वह संपत्ति है जो प्रेम के बाहुल्य से पैदा होती है।

सत्य / सच

सत्य नीरव होता है और कल्पना वाचाल। सत्य घटनाएं भाव स्रोत को पत्थर की तरह दबाए रखती हैं, कल्पना ही उसका मार्ग मुक्त करती हैं।

एक सच हजार झूठ से बड़ा होता है।

सत्य एक ही है और उसे ही ईश्वर कहा गया है।

सत्य को स्वीकार करने में कायरता, दुविधा और संशय हमारे मन को ऐसे घेर लेते हैं कि उस व्यूह में बाहर निकलना हमारे बूते के बाहर हो जाता है।

सत्य चिर नवीन होता है, उसका रस अक्ष्य है। यदि सत्य को पा लिया हो, तो उसके आगे अपने को सौंप देना चाहिए, कोई दूसरा उपाय नहीं है।

सत्य के साथ मनुष्य का सच्चा रिश्ता भक्ति का रिश्ता है। वह भक्ति व्यक्ति को सहज ही मृदु बना देती है। ऐसा न होकर वह रिश्ता जहां व्यक्ति को उजड्ड और घमंडी बनाता है, वहां व्यक्ति सत्य की तुलना में ही अपने ओछेपन को बहुत साफ़-साफ़ ज़ाहिर कर देता है।

जिन्हें सच की ताक़त पर भरोसा है, वे अपनी ताक़त को काबू में रखते हैं। बाहर के लोग दो-चार दिन ठीक न समझें, इसमें कोई हर्ज नहीं है, लेकिन किसी तुच्छ संकोच की वजह से सच्चाई को मंजूर न कर सकना इससे कहीं बड़ा नुक़सानदायक है।

जो कहते हैं कि सत्य एक है, इसलिए केवल एक ही धर्म सच हो सकता है कि धर्म का एक ही रूप सत्य हो सकता है, वे इस सच को तो मानते हैं, लेकिन इस सच को नहीं मानते कि सत्य का ओर-छोर नहीं होता। वह जो अंतहीन एक है वह अंतहीन अनेक में अपने को ज़ाहिर करता रहता है, उसकी तो लीला सारी सृष्टि में हम देखते हैं।

सच से लगाव हुए बिना वह हासिल हो ही नहीं सकता है, लेकिन सभी को अगर किसी दबाव में, मज़बूरी से अथवा और किसी तरह से मान लिया जाए तो फिर उसमें लौटने का रास्ता ही बंद हो जाता है।

सत्य को प्रकाशित कर पाना ही सत्य के संबंध में सबसे बड़ी शिक्षा है।

सभ्यता

मनुष्य की बड़ी से बड़ी सभ्यता स्वीकरण शक्ति के प्रभाव से ही पूर्ण महात्म्य प्राप्त कर सकी है।

समय

समय परिवर्तन का धन है, परंतु घड़ी उसका उपहास करती है। उसे केवल परिवर्तन के रूप में दिखाती है, धन के रूप में नहीं।

समाज

प्रत्येक समाज में कोई-न-कोई अभिप्राय है, किंतु वह सहज ही समझा नहीं जा सकता। मनुष्य को उचित है कि वह जड़वत होकर उसका अनुसरण न करके, उसे जानने की चेष्टा अवश्य करे।

समाज को प्रसन्न करने के लिए बुद्धि के दोनों चक्षुओं को अंधा नहीं करना चाहिए।

सभी देशों के सभी समाजों में कमियां और अधूरापन है, लेकिन देश के लोग जब तक जाति-प्रेम की डोर से एकता में बंधे रहते हैं, तब तक उनका ज़हर बेअसर करते हुए आगे बढ़ सकते हैं।

अगर मैंने ग़लत काम भी किया हो तो अच्छा काम करके उससे दोष-गुण होने का रास्ता हमारे समाज में बिल्कुल बंद हो गया है।

तुम लोग अगर समाज की सीमा लांघ जाना चाहते हो तो तुम्हें समाज से बड़ा होना होगा। तुम लोगों का प्रेम, तुम्हारे साथ ज़िन्दगी केवल बर्बादी का सूचक न हो, उसमें रचना और सृजन के तत्व भी रहने चाहिए। केवल इस काम में एकाएक एक ज़ांबाज़ी दिखा देने से काम नहीं चलेगा, इसके बाद तुम्हें ज़िन्दगी के हर काम को बहादुरी के धागों में गूंथ देना होगा, नहीं तो तुम लोग बहुत नीचे चले जाओगे।

हिंदू समाज ने तो हमेशा नए-नए संप्रदायों की तरज़ीह दी है, हिंदू समाज सभी संप्रदायों का समाज हो सकता है।

समाज के लिए आदमी को तंग होकर रहना पड़े, यह कभी ठीक नहीं हो सकता, समाज को ही आदमी के लिए अपने को बराबर अनुकूल करके चलना होगा।

आजकल समाज पर बराबर यह जो चोट हो रही है, इससे समझा जा सकता है कि ईश्वर की ताक़त काम कर रही है। वह चारों ओर से तोड़-फोड़, संवार-सुधारकर किस चीज़ को कैसा बनाना चाहता है, यह ईश्वर ही जानता है।

समाज अगर वक़्त की चाल में रुकावट पैदा करे तो उसे चोट सहनी होगी।

संपत्ति

पवित्रता वह संपत्ति है जो प्रेम के बाहुल्य से पैदा होती है।

सर्वव्यापी

जो सर्वव्यापी है, उन्हें सर्वत्र प्राप्त करके योगयुक्त धीर पुरुष सर्व में ही प्रवेश करते हैं।

जो स्वयं अकाय है, उन्होंने कायारूपी काव्य की रचना की है, जो अपाप-विद्धता है, वे पाप-पुण्यमय मन के अधिपति होकर बैठे हैं, वे ही सर्वव्यापी हैं।

सवाल

कोई सवाल ठीक से मन में उठने से पहले ही कोई जवाब दे देना और भूख लगने से पहले ही खाना परोस देना, एक जैसी बात है। उससे केवल ज़ायका बिगड़ने और बदहज़मी की शिक़ायत हो सकती है।

सहारा

जो सहारा कमज़ोर है, उसे जोर से पकड़ना चाहने पर वह और भी टूट जाता है।

साधक

जो साधक है, उनके लिए परमार्थ-लाभ के लिए अपनी शक्ति का रक्षण आवश्यक है।

साधन

जो साधन आत्म-शक्ति को जागृत करता है, वह इतना परिपूर्ण हो जाता है कि अपने को गुप्त नहीं रख सकता।

साधना

आत्मा द्वारा विश्वात्मा में प्रवेश करना ही हमारी साधना का लक्ष्य है।

आत्मा में परमात्मा के अनंत-आनंद की अबाध उपलब्धि करने का उपाय है – पाप-परिशून्य मंगल-भावना।

भीतरी साधना जब आरंभ हो जाती है, तो बाहर उसके कई लक्षण प्रकाशित होने लगते हैं।

साधना के दो अंग हैं – एक ग्रहण करना और दूसरा त्याग – एक कठिन और दूसरा सरल।

साधना करो। मन में विश्वास हो तो कठोर साधना में ही सुख मिलेगा। हमारे शौक़िया नेता लोगों में सच्चा विश्वास नहीं है, तभी वे न अपने, न दूसरों के सामने कोई जोरदार दावा कर पाते हैं।

सामंजस्य

प्रकृति में भी स्थिति और गति का सामंजस्य हम केवल एक जगह देख पाते हैं और वह है प्रेम।

सार्थक

इस धरती पर अपनी मर्ज़ी के मुताबिक आख़िर कौन-सी चीज़ मिलती है। जो कुछ मिलता है, उसी के अनुरूप अपने जी को मना लेना पड़ता है। इसी में मनुष्य जीवन की सार्थकता है।

साहित्य

जो आनंद देता है, उसी को मन सुंदर कहता है, और वही साहित्य की सामग्री है।

महत साहित्य का गुण है अपूर्वता, यानी मौलिकता। साहित्य जब अकेला-शक्तिमान रहता है, जब वह चिरंतन को भी नए रूप में प्रकाशित कर सकता है। यही उसका काम है, यही उसका नाम है मौलिकता।

विशुद्ध साहित्य अप्रयोजनीय है, उसका जो रस है वह अहेतु है। सच्चे साहित्य का निर्माण तो एकांत चिंतन और एकांत साधनों में होता है।

साहित्य का सहज अर्थ है, नैकट्य अर्थात् सम्मेलन। भाषा के क्षेत्र में साहित्य शब्द का तात्पर्य है, हृदय को योग कर देना, जहां योग ही अंतिम लक्ष्य है।

साहित्य में अच्छा लगना और बुरा लगना ही चरम बात है।

साहित्य से ही साहित्य जाग उठता है।

अंग्रेज़ी साहित्य-कला में मर्यादा अभी तक नहीं आ पाई। अब भी वहां ज़्यादा बढ़ाकर कहने और तीखा बनाकर ज़ाहिर करने का ढंग हर कहीं मौज़ूद है। मन का संवेग साहित्य की एक साधन-भर है, वह साध्य हरगिज़ नहीं है। साहित्य का साध्य है पूर्णता की खूबसूरती, मतलब मर्यादा और सहजता। यह बात अभी तक अंग्रेज़ी साहित्य में पूरी तरह से स्वीकार नहीं है।

सिद्धि

जब सिद्धि की मूर्ति किसी परिणाम में दिखाई देने लगती है, तब वह आनंद की ओर हमें अपने आप खींच ले जाती है।

तपस्या करके ही सिद्धि प्राप्त की जा सकती है।

सिद्धांत

सिद्धांत के रूप में कोई बात जिस तरह मानी जाती है, मनुष्यों पर प्रयोग करते समय वह हमेशा उसी निश्चित भाव से अमल में नहीं लाई जा सकती।

सीख

सीख देने की आपसी खींचा-तानी में सीख पाने की गुंजाइश नहीं रहती।

सीमा

जगत में जगदीश्वर का जो प्रकाश है, वह सीमा में असीम का प्रकाश है।

सीमा अपने संयम की ओट में स्वयं को छिपाकर सत्य को प्रकाशित करती है।

सुख

जिसके पास सुख की गृहस्थी है, स्नेह की छाया है, वह हर पग सुख की तस्वीर खींचता जाता है, आशा के बीज बोता जाता है।

संसार में सुख का स्थान ही सबसे ज़्यादा संकीर्ण होता है। कहीं भी उसे पूरी तरह बिना बाधा रखने की फ़ुर्सत नहीं।

सुधार

सुधार बहुत बाद की बात है। सुधार से बड़ी बात है प्रेम की, श्रद्धा की। पहले हम एक हों, फिर सुधार भीतर से ही अपने आप जो जाएगा।

सौंदर्य

सौंदर्य तथ्य की सीमा को लांघ जाता है, उसके हिसाब में कोई आदर्श नहीं है, कोई परिमाण नहीं है।

सौभाग्य

हमारा सबसे बड़ा सौभाग्य तब आता है जब पराए अपने हो जाते हैं और दुनिया का सबसे बड़ा संकट तब आता है जब अपने पराए हो जाते हैं।

स्त्री / महिला / नारी / औरत

यदि किसी पुरुष में भाषण देने की बड़ी क्षमता है, तो महिलाएं उससे आकर्षित हो जाती हैं। लेकिन ये महिलाएं यह नहीं जानती कि वक्ता पति से श्रोता पति बहुत अच्छा होता है।

स्त्रियों में सहने की शक्ति पुरुषों से ज़्यादा होती है। हमेशा से पुरुषों का यही धर्म रहा है कि वे दुःख के साथ जूझते रहते हैं, किंतु स्त्रियां तो युग-युग से दुःख सहती आई हैं और शायद सहती ही जाएंगी। आंसू और धीरज – इसके सिवा और तो कोई पूंजी नहीं उनके पास।

नारी को केंद्र मानकर जो मिठास भरा लोक फैला हुआ है, उसका फैलाव देखने में चाहे छोटा मालूम पड़ता हो, किंतु भीतर उसकी

गहराई का अंत नहीं है। वह पिंजरा नहीं है, लेकिन यदि किस बाह्य शक्ति से उसे सीधा कर दिया जाए तो वह चाहे किसी के लिए कुछ भी हो, स्त्री के लिए पिंजड़ा बन जाता है। उसमें स्त्री की शक्ति पूरी तरह उजागर नहीं हो पाती, इसलिए अस्वस्थ हो जाती है। उसमें खोट आ जाता है और जो उसका अपना सच नहीं है, उसे ही प्रकट करने का पागलपन करने लगती है।

नारी के दरबार में प्रशंसा को बहुत बढ़ा-चढ़ाकर वर्णन करने की रीति तो सदा पुरुषों के अधिकार में रही है।

संसार में प्रतिष्ठा प्राप्त करके जो पुरुष बिना संशय के निःसंकोच भाव से अपने को प्रकट कर सकता है और जिसने एक निश्चित अधिकार प्राप्त कर लिया है, वह समर्थ पुरुष सहज ही नारी की दृष्टि आकर्षित कर सकता है।

सती-साध्वी स्त्रियां जहां सती धर्म में ज़रा भी बाधा देखती हैं, वह धीरज नहीं रख सकती।

स्त्रियों की दो क़िस्में होती हैं – पहली क़िस्म है प्रधानता। मां की, दूसरी क़िस्म है प्रिया की। यदि ऋतुओं के साथ इनकी तुलना करनी हो तो वह है वर्षा ऋतु। वह जल देती है, फल देती है, ताप दूर करती है। आकाश से अपने को गला-पिघला करके हमें

देती है, शुष्कता दूर करती है, अभाव को भर देती है, पूरा कर देती है। और प्रिया है वसंत ऋतु। गंभीर है उसका रहस्य, मधुर है उसका माया मंत्र। इसकी चंचलता लहू में तरंगें पैदा करती है और वे तरंगें मन के इस रत्न जड़े कक्ष तक पहुंचती हैं, जहां स्वर वीणा का एक अकेला तार चुप पड़ा हुआ, उस झंकार की प्रतीक्षा करता रहा है, जिससे संपूर्ण देह और मन में ईश्वर की वाणी झंकृत हो उठती है।

ग़ैर-ज़रूरी कूड़ा कचरा घर के इर्द-गिर्द अनायास ही जगह पा सकता है, क्योंकि लोग उसे भूल जाते हैं, लेकिन अनावश्यक औरत एक तो अनावश्यक होती है उस पर उसे भूलना भी मुश्किल है, इसलिए घूरे में भी उसके लिए कोई जगह नहीं है।

औरतें औरतों पर दया नहीं करतीं। कहती हैं, 'औरत का क्या है, है तो औरत ही।'

नारी खिलवाड़ की वस्तु नहीं है, न ही उसकी उपेक्षा की जा सकती है।

औरतों के प्यार का सहज बदलाव भक्ति में जाकर ही होता है। जहां उनका प्यार अपने फलने-फूलने में किसी तरह की रुकावट नहीं पाता, वहां वह ख़ुद ही पहुंच जाता है और जहां ऐशो-इशरत

का सरंजाम और साधन बहुत ज़्यादा हैं, जहां मज़े ही दिन और रातों को गंदला किए रहते हैं, वहां उस प्यार का बदलाव गलाज में होता है, तब फिर वहां औरतों को अपनी पूरी खुशी हासिल नहीं हो पाती।

स्त्रियों का जीवन ऐसा होता है कि वे अपने स्वभाव की भयंकरता को छिपा सकती हैं और बाहर से अपनी तीखी वाणी को मधुर भी बना सकती हैं।

स्त्री! तूने अपार अश्रुओं से संसार के हृदय को उसी भांति घेर रखा है जिस प्रकार समुद्र ने पृथ्वी को।

शास्त्र स्त्रियों के बारे में कहते हैं कि वे पूजा की पात्र हैं, क्योंकि वे गृह को प्रकाशित करती हैं। विलायती विधान में उन्हें इसलिए मान दिया जाता है कि वे पुरुषों के हृदय को प्रकाशित करती हैं, उसे पूजा न कहना ही अच्छा है।

स्त्री और पुरुष को उनके अपने-अपने स्थान पर सहज भाव से देखना हमने नहीं सीखा, तभी तो बहुत सी कविताई को उन पर मढ़ दिया है।

नारी को हम जितना ही दूर करें, जितना ही छोटा बनाकर रखते हैं, उतना ही हमारा पौरुष भी बिखरता जाता है।

स्त्रियों का मन हजारों वर्षों से सांकल में बंधा रहा है, इसलिए वे तो मानती ही जाएंगी, सवाल नहीं करेंगी, इस बात के लिए तो उन्हें समाज के नेताओं से इनाम मिले हैं, इसलिए मानना जितना ही अंधा होता है उनके निकट उसका दाम उतना ही ज़्यादा होता है। स्त्री के गुणवाले पुरुषों की भी यही हालत है।

निपट अकेले प्रवास में, घोर वर्षा में बीमार देह ज़रा सेवा पाने की इच्छा करती है। गर्म माथे पर चूड़ियों वाले गर्म हाथों का स्पर्श याद आ जाता है। किसी घोर प्रदेश में बीमारी के कष्ट से पीड़ित हो जाने पर ऐसा सोचने का जी करता है कि बगल में स्नेहमयी नारी के रूप में कोई बैठी हो।

स्त्री का जन्म लेकर इतना झूठ बोलना पड़ता है कि जिसकी हद नहीं। भाई साहब का मन भी नहीं दुखा सकती और पति के यश को भी ज्यों-का-त्यों रखना उसके लिए लाज़मी है। मां होकर बच्चे को भी बहलाना पड़ता है और स्त्री होकर बच्चे के बाप को भी खुश रखना पड़ता है। उफ, स्त्रियों के लिए इतने छल-छंद की ज़रूरत होती है।

घर जिससे पवित्र रहे और दांपत्य-धर्म को अनुमान या कल्पना से गढ़ा हुआ कलंक ज़रा-सा भी छू न जाए, इसके लिए सती-साध्वी स्त्रियों के कुछ अधिक सावधान रहने और शक्की नजर रखने में भी एक मिठास और महत्त्व है।

स्त्री के मन के रहस्य का उसकी बचपन की उम्र में भेद करना बहुत कठिन होता है।

बंधन में जकड़ी एक औरत का पैर यदि बाहर निकल पड़े, तो, उसके लिए चलने का रास्ता हो ही जाता है, वह रास्ता सम्मानित रास्ता न सही, पर रास्ता जरूर है। उस रास्ते से मनुष्य सदा से चलता आ रहा है। वह रास्ता ऊबड़-खाबड़, विचित्र और सीमाहीन है, शाखा-प्रशाखाओं में विभक्त है, सुख-दुःख और विघ्न-बाधाओं से जटिल है, पर है वह रास्ता ही।

यूरोपीय नारियां स्वतंत्रता मात्र की अधिकारिणी होने के कारण राष्ट्र को सबल बनाने में सहायक होती हैं। दूसरी ओर भारतीय नारियां एकमात्र पुरुष की सेवा-भक्ति से क्षीण बन जाती हैं।

स्नेह

स्नेह जितना ही गुप्त और जितना ही एकांत हाता है, उतना ही प्रबल हुआ करता है।

स्नेह की बारीक बातें औरतें चट से समझ जाती हैं।

स्वदेश

जो कुछ स्वदेश का है, उसके प्रति बिन झिझक, बिना कुछ सोचे पूरी श्रद्धा प्रकट करके देश के अविश्वासियों में भी श्रद्धा का संचार किया जा सकता है।

स्वभाव

जिसका स्वभाव अति संवेदनाशील है, उनके अपने स्वजन और बंधु-बांधव भी उनसे बचकर रहते हैं।

स्त्री के साथ पति के स्वभाव का मेल न होने से शायद प्रेम अच्छा होता है, सूखी मिट्टी के साथ पानी के मेल की तरह।

स्वभाव का खंडन करना और जलते लोहे को हाथ फेरकर ठंडा करने की कोशिश करना एक ही बात है। ऐसा करना बहादुरी की बात हो सकती है, किंतु आराम की नहीं।

स्वर्ण

पक्षी के पंख को स्वर्ण से आभूषित कर दो, तो वह आकाश में फिर न उड़ सकेगा।

स्वाधीन

विश्व धर्म के साथ अपनी इच्छा का मिलान करने पर ही वस्तुतः हम स्वाधीन हो पाते हैं।

स्वाधीन हुए बिना स्वाधीन के साथ आदान-प्रदान संभव नहीं है।

जो स्वाभाविक है वह अच्छा ही हो, ऐसी बात नहीं है।

जहां किसी पर निर्भरता नहीं और स्वाधीनता भी नहीं, वहां भला मन-प्राण कैसे बच सकते हैं।

हंसी

जब मैं स्वयं पर हंसता हूं, तो मेरा बोझ हल्का हो जाता है।

हिंदू समाज

हिंदू समाज तो सदैव से नए-नए संप्रदायों को आश्रय देता आया है। अतः वह सभी संप्रदायों का एक मिला-जुला समाज है।

हिंदू जाति इतनी बड़ी है कि इसके संस्कार किस में हैं, किस में नहीं हैं, यह किसी परिभाषा में बांधा नहीं जा सकता।

हिंदू धर्म मां की तरह अनेक मत-विश्वासों के लोगों को अपनी गोद में लेने की कोशिश करता रहा है, मतलब दुनिया में केवल हिंदू धर्म ने आदमी को आदमी कहकर जाना है, केवल दल की एक इकाई नहीं समझा है। हिंदू धर्म मूर्ख को भी मानता है, ज्ञानी को भी – और ज्ञान के भी केवल एक रूप को नहीं, उसके बहुत तरह के विकास को मानता है। खिस्तान विविधता को कबूल करना नहीं चाहते। वे कहते हैं, एक तरफ खिस्तान धर्म है और दूसरी तरफ भारी बर्बादी और उनके बीच कोई विविधता नहीं है। इन लोगों ने ऐसी ही खिस्तान से शिक्षा पाई है, इसलिए हिंदू धर्म की विविधता पर हम शर्म महसूस करते हैं। इस विविधता के अंदर ही हिंदू धर्म एकता को देखने की साधना करता है, यह हम देख नहीं पाते।

हिंसा

दुनिया में जितनी तरह की हिंसा होती है, आदमी को लेकर आदमी की दुष्टता उससे भी कितनी खौफ़नाक है, उसके पीछे समाज की और राजा की ताक़त एक में मिलकर खड़ी होकर उसे और भी कितना तेज़ बना देती है।

हृदय

हृदय में जब दुःख रहता है, तब आदमी को ज़रा-सी बात से भी बड़ी भारी चोट लगती है।

किसी धारा के प्रवाह में जब बाधा पहुंचती है तो सारा कूड़ा-कचरा भी वहीं चक्कर काटने लगता है। यदि किसी के सहज हृदय-आवेग का प्रवाह किसी अन्य के व्यवहार के चलते एक स्थान पर ठहर जाता है, तो वहां एक वैचारिक वृत्त सा बन जाता है और उस वृत्त में कई तरह की बेबात की बातें चक्कर काटती रहती हैं।

जीवन में विघ्न-बाधाएं ज़रूरी नहीं कि वे व्यक्ति का अहित करने के लिए ही आती हैं, वे हृदय की सारी शक्ति को जागृत करने के लिए भी उपस्थित हो सकती हैं।

हृदय के साथ हृदय का साक्षात्कार सहज नहीं है, मनुष्य के साथ मनुष्य का संबंध सरल नहीं है। मानव-मन का एकाकीपन और मनुष्य तथा मनुष्य के बीच का व्यवधान इसे निरंतर जटिल बनाए रखता है।

•••

रवीन्द्रनाथ टैगोर

की कुछ चुनी हुई कहानियां

काबुलीवाला

मेरी पांच साल की बिटिया, मिनी, एक मिनट भी बोले बिना नहीं रह सकती। एक साल की हुई भी नहीं थी कि वह बोलने लगी। तब से जब वह जगी रहती है, एक पल भी चुप नहीं रहती। कई बार उसकी मां डांटकर उसे चुप करा देती है, पर मैं ऐसा नहीं कर पाता। मिनी चुप रहने पर मुझे इतनी अस्वाभाविक-सी लगती है कि मैं सह नहीं पाता। इसलिए मेरे साथ उसकी बातचीत ज़रा उमंग-भरी होती है।

सुबह मैंने अपने उपन्यास का सत्रहवां अध्याय लिखना शुरू ही किया था कि मिनी आकर बोली, "पिता जी, रामदयाल दरबान काक को कौआ कह रहा था। वह कुछ नहीं जानता है! है न?"

दुनिया की तरह-तरह की भाषाओं के बारे में उसे कुछ समझाता, इससे पहले ही उसने दूसरा प्रसंग छेड़ दिया, "देखिए पिता जी, भोला कह रहा था, हाथी आसमान पर अपनी सूंड से पानी फेंकता है, इसीलिए बरसात होती है। ओ मां! भोला इतना झूठ भी बोल सकता है? कितना बकता है! दिन-रात बकता रहता है।"

इस मामले में मेरी राय की ज़रा भी परवाह किए बिना वह एकाएक फिल बोली, "पिता जी, मां अपनी क्या लगती है?"

मन-ही-मन मैंने कहा, साली लगती है' पर प्रकट रूप में कहा, "मिनी, तू अभी भोला के साथ खेलने जा। मुझे थोड़ा काम है।"

उस समय वह मेरे लिखने की मेज़ के पास मेरे पैर के नज़दीक बैठकर घुटने टेके बड़बड़ाती हुई 'आगडुम बागडुम' खेल रही थी। मेरे

उपन्यास के सत्रहवें अध्याय में उस समय प्रतापसिंह कंचनमाला को लेकर अंधेरी रात में क़ैदख़ाने की ऊंची खिड़की से नीचे नदी में कूद रहा था।

मेरा घर सड़क के किनारे था। खेलते-खेलते मिनी अचानक दौड़कर खिड़की के पास चली गई और चिल्लाकर बोली, "काबुलीवाला, ओ काबुलीवाला, ओ काबुलीवाला!"

मैले, ढीले-ढाले कपड़े पहने, सिर पर पगड़ी बांधे, कंधे पर झोला लटकाए, हाथ में दो-चार अंगूर के बक्से लिये, एक लम्बा काबुलीवाला धीरे-धीरे सड़क पर जा रहा था। उसे देखकर मेरी बिटिया के मन में क्या आया, कहना कठिन था, पर वह उसे जी-जान से बुलाने लगी। मैंने सोचा, 'झोला लटकाए यह बला सिर पर बस सवार हुई है, मेरा सत्रहवां अध्याय अब ख़त्म नहीं हो सकेगा।'

मिनी की आवाज़ सुनकर काबुलीवाले ने जैसे ही हंसकर मुंह फेरा, और हमारे घर की ओर आने लगा, वैसे ही मिनी बड़ी तेज़ी से अंदर भाग गई। उसकी चोटी भी कहीं दिखाई नहीं पड़ी। उसके मन में एक अन्धविश्वास रहा होगा कि काबुलीवाले के इस झोले में उसकी तरह के दो-चार बच्चे अवश्य होंगे।

इधर काबुलीवाले ने आकार हंसकर सलाम किया। मैंने सोचा, 'प्रतापसिंह और कंचनमाला बड़ी परेशानी में तो हैं, फिर भी किसी को बुलाकर उससे कुछ भी न ख़रीदना अच्छा नहीं लगता।'

मैंने थोड़ा बहुत ख़रीदा। उसके बाद उससे दो-चार बातें भी हुईं। रहमत रूस, अंग्रेज़ी तथा सीमा सुरक्षा नीति पर कुछ-कुछ मुझे बताता रहा। अंत में जाते समय उसने पूछा, "बाबू, तुम्हारी लड़की कहां गई?"

मिनी के मन से बिना-वजह भय निकालने के लिए मैंने उसे अंदर से बुलवाया। वह मुझसे सटी हुई काबुलीवाले का चेहरा और उसके झोले की ओर शंका-भरी दृष्टि से देख रही थी। काबुलीवाले ने अपने झोले से किशमिश के दाने और खुरमानी निकालकर उसे दी। मिनी ने किसी भी तरह उससे कोई चीज़ नहीं ली। वह और भी डर और शंका से भरी घुटनों से टिककर खड़ी रही। पहला परिचय इसी तरह से हुआ।

कुछ दिन बाद एक दिन सुबह-सुबह मैं किसी काम से घर से निकला ही था कि देखता क्या हूं कि मेरी बेटी दरवाज़े के पास बनी पत्थर की बेंच पर बैठी अंट-शंट बोले जा रही है और काबुलीवाला उसके पैरों के पास बैठकर हंसता हुआ उसकी बातें सुन रहा है और बीच-बीच में टूटी-फूटी बंगला में अपनी बातें भी कहता जा रहा है।

मिनी को अपने पांच साल के जीवन में पिता के अलावा इतने धीरज से उसकी बातें सुनने वाला कोई और नहीं मिला था। फिर मैंने देखा, उसका छोटा-सा आंचल किशमिश और बादाम से भरा पड़ा है। मैंने काबुलीवाले से कहा, "उसे यह सब क्यों दिया? इस तरह से फिर कभी मत देना।" इतना कहकर मैंने जेब से एक अठन्नी निकालकर उसे दी। उसने भी बिना संकोच किए उस अठन्नी को अपने झोले में रख लिया।

घर लौटकर मैंने देखा कि उस अठन्नी को लेकर घर में बड़ा शोर मच रहा था। मिनी की मां उस अठन्नी को हाथ में लेकर मिनी से डपटकर पूछ रही थी, "वह अठन्नी मुझे कहां से मिली?"

मिनी बोली, "काबुलीवाले ने दी है।"

मिनी की मां फिर बोली, "काबुलीवाले से तूने पैसे क्यों लिये?"

मिनी रोनी सूरत बनाकर बोली, "मैंने नहीं मांगे थे। उसने अपने आप ही दिए।"

मैंने आकर मिनी को संकट से बचाया।

ख़बर मिली कि काबुलीवाले के साथ मिनी की यह दूसरी मुलाक़ात नहीं थी। इस बीच लगभग रोज़ ही आकर और पिस्ते बादाम की घूस देकर, उसने मिनी के लालची मन में अपने लिए काफ़ी जगह बना ली थी।

मैंने देखा, इन दोनों मित्रों के बीच हंसी-मज़ाक़ की दो-चार बातें हर बार ही होती हैं। रहमत को देखते ही मेरी लड़की हंसकर पूछती, "काबुलीवाले, ओ काबुलीवाले, तुम्हारे उस थैले में क्या है?"

रहमत एक ग़ैरज़रूरी बात जोड़कर कहता, "हाथी।"

अर्थात् उसके झोले में एक हाथी है, इसी में उसके परिहास की बारीक़ी थी। वाक़ई यह परिहास बारीक़ी था या नहीं, यह तो कहा नहीं जा सकता, फिर भी इस मज़ाक़ से दोनों ही खुश होते और शरद ऋतु की सुबह में एक वयस्क और एक छोटे बच्चे की सरल हंसी देखकर मुझे बड़ा अच्छा लगता।

उन दोनों में एक बात और भी होती। रहमत मिनी से कहता, "खोंखी तोमि शशुर बाड़ी क्खोनो जाबोना।" (मुन्नी, तुम ससुराल कभी मत जाना।)

बंगाली घर की लड़की जन्म से ही ससुराल शब्द से परिचित हो जाती है, चूंकि हम लोग थोड़ा-बहुत नए ज़माने के थे, इसलिए अभी तक बिटिया को यह नहीं बताया था कि ससुराल क्या चीज़ होती है। इसलिए रहमत की बात वह ठीक-ठीक समझ नहीं पाती थी, पर बात का जवाब दिए बिना चुप रहना उसके स्वभाव के विरूद्ध बात थी। वह पलटकर पूछती, "तुम यूं ससुराल जाओगे?"

रहमत काल्पनिक ससुर के प्रति घूंसा दिखाकर कहता, "हामी शशुर के मारबे।" (मै ससुर को मारूंगा।)

यह सुनकर मिनी ससुर नामक किसी अपरिचित प्राणी की हालत सोचकर खिलखिलाकर हंस पड़ती थी।

इस समय शरद की सुहानी सुबह है। पुराने ज़माने में इसी समय राजे-महाराजे दिग्विजय के लिए निकलते थे। मैं कलकत्ता छोड़कर कहीं नहीं गया, इसीलिए शायद मेरा मन सारी दुनिया का चक्कर काटता फिरता है। मैं मानो अपने घर के कोने का बहुत पुराना प्राणी हूं। बाहर का संसार देखने के लिए मेरा मन हमेशा विचलित रहता है। पर किसी शहर का नाम सुनते ही मेरा मन उस ओर दौड़ पड़ता है, और किसी दूसरे देश के आदमी को देखते ही नदी, पहाड़ और जंगलों के बीच एक घर का दृश्य मन में उभर पड़ता है, और खुशियों से भरपूर आज़ाद जीवन जीने की कल्पना से मन पुलकित हो उठता है।

दूसरी तरफ, मैं ऐसी जड़ प्रकृति का आदमी हूं, जिसे अपने घर

का कोना छोड़कर कहीं जाने के नाम पर सिर पर मानो बिजली गिर पड़ती है। इसलिए सुबह-सुबह अपने इस छोटे-से कमरे में टेबल के सामने बैठकर काबुलीवाले के साथ गपशप करने से मेरा घूमने का काम भी हो जाता था। दोनों तरफ रूखी बंजर ज़मीन, दुर्गम लाल पहाड़ों की कतार, उसके बीच से संकरीली रेतीली सड़क, बोझ से लदे ऊंटों की धीमी चाल, पगड़ी डाले व्यापारी या राही, कोई ऊंट पर सवार, तो कोई पैदल, किसी के हाथ में बर्छी, तो किसी के हाथ में पुराने समय की बंदूक, जो पत्थरों के आपस में रगड़ने से चलती थी...काबुलीवाला धीरे-ध ीरे गंभीर आवाज़ में टूटी-फूटी बंगला भाषा में अपने देश की कहानी सुनाता और मेरी आंखों के सामने वह सारा दृश्य सजीव हो उठता।

मिनी की मां बड़ी ही शंकालु स्वभाव की थी। सड़क पर किसी भी चीज़ की आहट होती, तो उसे लगता, दुनिया के तमाम शराबी हमारे घर की ओर दौड़े आ रहे हैं; इस दुनिया में हर जगह चोर, डाकू, शराबी, सांप, शेर, मलेरिया, तिलचट्टे तथा गोरे सिपाही भरे पड़े हैं। इतने दिन (वैसे ज़्यादा दिन नहीं) पृथ्वी पर रहकर भी उसके मन से डर गया नहीं था।

रहमत काबुलीवाले पर उसका मन पूरी तरह भरोसा नहीं कर पाता था। उस पर मैं बराबर नज़र रखूं, इसके लिए वह बार-बार मुझसे मिन्नतें करती थी। मैं हंसकर उसकी शंका को टालता, तो वह एक के बाद एक प्रश्न करती। जैसे, क्या कभी किसी का बच्चा चोरी नहीं चला जाता? काबुल देश में क्या गुलामी प्रथा नहीं हैं? एक लंबे-चौड़े काबुलीवाला के लिए एक छोटे-से बच्चे को उठा ले जाना क्या बिल्कुल असंभव काम है?

मुझे कहना पड़ा कि बात असंभव ही नहीं, बल्कि अविश्वसनीय भी है। विश्वास करने की ताक़त सबकी एक जैसी नहीं होती, इसलिए मेरी पत्नी के मन में डर बना ही रहा, फिर भी बिना किसी ग़लती के रहमत को अपने घर के लिए मैं मना नहीं कर सका।

हर साल माघ के महीने में रहमत अपने देश जाता था। इन दिनों अपने लेन-देन का हिसाब करने में वह व्यस्त रहता। घर-घर जाकर पैसा वसूलना पड़ता। फिर भी एक बार समय निकालकर वह मिनी से ज़रूर भेंट कर जाता। देखने पर सचमुच लगता था, जैसे दोनों के बीच कोई षड्यंत्र रचा जा रहा है। जिस दिन रहमत सुबह नहीं आ पाता, उस दिन शाम को आता। सांझ के धुंधलके में ढीले-ढाले कुर्ते-पजामे पर झोला लटकाए काबुलीवाले को देखकर वाक़ई मन में एक आशंका-सी हो जाती, पर जब मैं देखता कि मिनी, 'काबुलीवाले, ओ काबुलीवाले' कहकर हंसती-हंसती दौड़ती हुई आती है और दो दोस्त, जिनकी उम्र में इतना अंतर था, आपस में वही पुराना हंसी-मज़ाक करते हैं, तो मेरा मन भी खुश हो उठता।

एक दिन सुबह पढ़ाई के अपने छोटे-से कमरे में बैठकर मैं अपनी किताब के प्रूफ़ देख रहा था। जाते-जाते सर्दी कसकर पड़ रही थी। लोग ठंग से कांप रहे थे। खिड़की से धूप छनकर मेरे पैरों पर पड़ रही थी। बड़ा अच्छा लग रहा था। सवेरे के शायद आठ बज रहे थे। सिर पर टोपी डाले, गले में मफ़लर लपेटे सुबह घूमने के लिए निकलने वाले लोग घूमकर घर लौट आए थे। इसी समय सड़क पर बड़े ज़ोरों का शोरगुल सुनाई पड़ा।

मैंने देखा, हमारे रहमत को दो सिपाही बांधकर ला रहे थे...उनके पीछे-पीछे उत्साही बच्चों की टोली चल रही थी। रहमत के कपड़ों पर ख़ून के छींटे थे और एक सिपाही के हाथ में ख़ून से रंगा हुआ एक छुरा था। मैंने कमरे से बाहर निकलकर सिपाहियों को रोका और पूछा, "मामला क्या है?"

कुछ सिपाहियों से और कुछ रहमत से सुनकर जो जान सका, उससे यह मालूम हुआ कि हमारे पड़ोसी ने रामपुरी चादर ख़रीदने के लिए रहमत से कुछ रूपये उधार लिए थे। बाद में वह उस क़र्ज़ से मुकर गया। इसी बात को लेकर बहस हुई और फिर बात इतनी आगे बढ़ी कि गुस्से में आकार रहमत ने उसे छुरा घोंप दिया।

रहमत उस झूठे को अश्लील गालियां दे रहा था। ठीक उसी समय मिनी 'काबुलीवाले, ओ काबुलीवाले' पुकारती दौड़ी आई।

रहमत का चेहरा खुशी से खिल उठा। आज उसके कंधे पर थैला नहीं था, इसलिए थैले से संबंधित मज़ाक आज नहीं हो पाया। मिनी एक सांस में पूछ गई, "तुम ससुराल जाओगे?"

रहमत हंसकर बोला, "वहीं जा रहा हूं।" पर तुरन्त रहमत को लगा, उसका यह जवाब मिनी को पसंद नहीं आया, तो उसने हाथ दिखाकर कहा, "क्या करूं? ससुर को मारता पर हाथ बंधे हुए हैं।"

गंभीर रूप से चोट पहुंचाने के अपराध में रहमत को कई साल की क़ैद की सज़ा मिली।

उसकी बात मैं एक तरह से भूल ही गया। जब हम अपने घरों में बैठ अपने रोज़ के कामों में दिन काटते रहते, तब एक स्वतंत्र पहाड़ों का आदमी क़ैदख़ाने में किस तरह अपने दिन काट रहा होगा, यह मुझे याद भी नहीं आया।

और कम चंचल-मन मिनी का स्वभाव कितना लज्जाजनक रहा, यह उसके पिता को भी मानना पड़ा। बड़ी सरलता से अपने पुराने दोस्त को भूलकर पहले उसने साईस नबी से दोस्ती की। फिर जैसे-जैसे वह बड़ी होती गई, यहां तक कि अब वह अपने पिता के लिखने के कमरे में भी अधिक नहीं आती थी। मैंने तो एक तरह से उससे छुट्टी ही कर ली थी।

कई साल बीत गए। एक और शरद ऋतु आई। मेरी मिनी की शादी पक्की हो गई थी। दशहरे की छुट्टी में उसकी शादी होनी थी। दुर्गा की तरह मेरे घर की आनन्दमयी अपने पिता का घर छोड़कर अपने पति के घर चली जाने वाली थी।

आज की सुबह बड़ी मनोहर थी। लगता था, बरसात के बाद शरद ऋतु की नई-नहाई धूप सुहागे से गलाए हुए सोने की तरह जगमग कर रही है। यहां तक कि कलकत्ता की गलियों के अंदर गंदे, बेतरतीब,

एक-दूसरे से सटे-सटे झर-झर पुराने ईंटों के बने मकानों पर भी यह एक अपूर्व चमक ले आई थी।

आज सुबह होते ही मेरे घर पर शहनाई बजने लगी थी। इसका सुर जैसे मेरे हृदय की हड्डियों से टकराकर रोता हुआ निकल रहा था। करुण भैरवी राग आने वाले मेरे अलगाव की व्यथा शरद की धूप की तरह सारी दुनिया में फैला रहा था। आज मेरी मिनी का विवाह था।

सुबह से ही लोगों का आना-जाना तथा चहल-पहल आरंभ हो गई थी। आंगन में शामियाना लगाया जा रहा था, घर के हर कमरे में और बरामदे में झाड़-फानूस लगाए जा रहे थे। शीशे की टुन-टुन आवाज़ उठ रही थी। ख़ूब हल्ला-गुल्ला हो रहा था।

मैं अपने लिखने के कमरे में बैठकर किसाब-किताब देख रहा था। एकाएक रहमत आकर मुझे सलाम करके सामने खड़ा हो गया।

मैंने तो पहले उसे पहचाना ही नहीं। उसके पास उसका झोला नहीं था, उसके बाल लंबे थे, उसके शरीर में पहले जैसी ताक़त नहीं थी। अन्त में उसके चेहरे पर खिली मुस्कुराहट को देखकर मैंने उसे पहचान लिया।

मैंने पूछा, "क्यों रहमत, कब आए?"

रहमत बोला, "कल शाम को ही जेल से छूटा।"

यह बात मेरे कानों में खट से चुभी। मैंने ख़ूनी को अपनी आंखों के सामने कभी नहीं देखा था। आज उसे देखकर मेरा सारा मन संकुचित हो उठा। मुझे लगा, आज के इस शुभ दिन इसका यहां से चला जाना ही ठीक रहता।

मैंने उससे कहा, "आज मेरे घर पर एक काम है। मैं थोड़ा व्यस्त हूं। आज तुम जाओ।"

यह सुनकर रहमत जाने लगा, पर फिर दरवाज़े के पास जाकर थोड़ा सहमकर बोला, "एक बार खोंखी (मुन्नी) को नहीं देख सकता?"

शायद उसके मन में यही धारणा रही होगी कि मिनी अब भी वैसी ही है। शायद वह सोच रहा होगा, मिनी अब भी, 'काबुलीवाले, ओ काबुलीवाले' कहकर दौड़ी आएगी और ठीक उसी तरह दोनों के बीच

पुराना हंसी-मज़ाक चलेगा। यहां तक कि वह पुरानी दोस्ती की याद में एक बक्सा अंगूर और काग़ज़ में लपेटकर थोड़े बादाम और किशमिश शायद अपने किसी देश वाले दोस्त से मांगकर लाया था। उसका अपना झोला शायद अब नहीं रहा था।

मैंने कहा, "आज घर पर काम है, आज किसी से मिल नहीं सकोगे।"

वह शायद थोड़ा उदास हुआ। उसने हताशा से मेरी ओर देखा फिर 'सलाम बाबू' कहकर दरवाज़े से बाहर निकल गया।

मेरे दिल में एक धक्का-सा लगा। मैं सोच रहा था कि उसे वापस बुलाऊं, पर मैंने देखा कि वह खुद लौटा आ रहा है।

मेरे पास आकर बोला, "यह अंगूर और थोड़े बादाम-किशमिश खोंखी के लिए लाया था, उसे दे दीजिएगा।"

उसके हाथ से चीज़े लेकर मैं उसे पैसे देने लगा, तो उसने मेरा हाथ पकड़ लिया। बोला, "आपकी बड़ी मेहरबानी है। मुझे हमेशा याद रहेगा। मुझे पैसा मत दीजिए। बाबू, जैसी तुम्हारी एक लड़की है न, वैसी ही मेरे देश में मेरी भी एक लड़की है। उसके चेहरे को याद कर मैं तुम्हारी लड़की के लिए कुछ मेवा लेकर आता था। मैं सौदा करने तो नहीं आता था।"

इतना कहकर उसने अपने लंबे-ढीले कुर्ते के अंदर हाथ डालकर एक मैले से कागज़ का टुकड़ा निकाला। फिर संभालकर उसकी तहें खोलकर उसे मेरे टेबल पर बिछाया। मैंने देखा, काग़ज़ पर एक छोटी-सी हथेली की छाप थी। फोटो नहीं, तेल की बनी तस्वीर भी नहीं। हाथ में कालिख लगाकर छाप ली गई। बेटी की इस यादगार को छाती से चिपकाए रहमत हर साल कलकत्ता की सड़कों पर मेवा बेचने के लिए आता, लेकिन उसे लगता जैसे उस लड़की के हाथ की कोमल छुअन ने उसके विशाल विरही दिल में अमृत भर दिया है।

देखकर मेरी आखें छलछला उठीं। मैं भूल गया कि मैं एक सम्पन्न ख़ानदान का बंगाली हूं और वह एक सामान्य मेवे वाला काबुली। मैं

समझ चुका था कि, जो वह है, मैं भी वही हूं। वह भी एक पिता है, मैं भी पिता हूं। उसकी पर्वतगृहवासिनी छोटी-सी 'पार्वती' के उस हाथ की छाप ने मुझे अपनी मिनी की याद दिला दी। मैंने तुरंत उसे अंदर से बुलवा भेजा। अंदर से इसके ख़िलाफ़ बड़ी आवाज़ें उठीं, पर मैंने एक न सुनी। लाल बनारसी साड़ी ओढ़े हुई, माथे पर चन्दन-तिलक की रंगोली सजाए, दुल्हन बनी मिनी शर्म से गड़ी मेरे पास आकर खड़ी हो गई। उसे देखकर काबुलीवाला सकपका गया। वह अपना पुराना हंसी-मज़ाक़ जमा नहीं पाया। अन्त में हंसकर बोला, "खोंखी तोमि शशुर-बाड़ी जाबिस?" (मुन्नी तू ससुराल जाएगी?)

मिनी अब ससुराल का अर्थ समझने लगी थी। अब वह पहले की तरह उत्तर नहीं दे सकी...रहमत की बात सुनकर शरमाकर मुंह फेरकर खड़ी हो गई। काबुलीवाले के साथ जिस रोज़ मिनी की जान-पहचान हुई थी, मुझे उस दिन की याद हो आई। मेरा मन जाने क्यों दुखी हो उठा।

मिनी चली गई। रहमत एक लंबी सांस खींचकर ज़मीन पर बैठ गया। उसे एकाएक ख़याल आया कि उसकी बेटी भी इस बीच इतनी बड़ी हो गई होगी। उसके साथ भी उसे नए सिरे से दोस्ती करनी पड़ेगी। वह उसे पहले की तरह उस रूप में नहीं देख पाएगा। इस आठ वर्षों में उस पर क्या बीती होगी, कौन जाने।

शरद ऋतु की मुलायम धूप की किरणों में शहनाई बज रही थी। कलकत्ता की एक गली में बैठकर रहमत अफ़गानिस्तान के मेरु पर्वत का दृश्य देखने लगा। मैंने एक नोट उसके हाथ में थमाया और कहा, "रहमत, तुम अपनी लड़की के पास अपने देश लौट जाओ। तुम बाप-बेटी के मिलन से मेरी मिनी का भी कल्याण होगा।"

ये रुपये दान देकर मैंने समारोह के एक-दो कार्यक्रम कम कर दिए। जैसा सोचा था, वैसी बिजली की रोशनी नहीं की। नगाड़े भी नहीं बजवाए। अन्दर महिलाएं बहुत असन्तुष्ट हुईं, पर मंगल-आलोक से मेरा उत्सव उज्ज्वल हो उठा।

मुन्ना बाबू की वापसी

जिन दिनों राईचरण बाबुओं के घर नौकरी पर आया था, उसकी उम्र केवल बारह वर्ष की थी। उसका घर जैसौर में था। लंबे काले बाल, बड़ी-बड़ी आंखें, सांवला छरहरा बदन। जाति से वह कायस्थ था। राईचरण जहां नौकरी करता था, वे लोग भी कायस्थ ही थे। बा़बू के एक वर्ष के बच्चे की देखभाल करना ही उसका असली काम था।

धीरे-धीरे वह बच्चा राईचरण की गोद छोड़कर स्कूल गया, फिर स्कूल से कॉलेज और आख़िर में कॉलेज की पढ़ाई पूरी कर मुंसिफ जज बन गया। राईचरण अब उसका नौकर था।

राईचरण पर एक और आदमी का भी आदेश चलता था। वह थी मालिक की नई दुल्हन। इसके कारण उसके अनुकूल बाबू पर राईचरण का जितना अधिकार था, वह सब धीरे-धीरे मालकिन के हाथों में चला गया।

पर जिस तरह से मालकिन ने राईचरण का पहले का अधिकार छीन लिया था, उसी तरह कुछ अधिकार राईचरण को देकर उसकी कमी पूरी कर दी थी।

हाल में अनुकूल बाबू के घर पुत्र पैदा हुआ था – और राईचरण ने केवल अपने प्रयत्न और अध्यवसाय से उस पर पूरी तरह अधिकार कर लिया था।

उस नन्हे-से बच्चे को राईचरण इतने उत्साह से झूला झुलाता, दोनों हाथों से पकड़कर आसमान में उछालता, उसके मुंह के सामने अपना सिर झकझोरता। जवाब की आशा किए बिना अनर्गल, अर्थहीन बातें

इतने सुरीले ढंग से बोलता कि राईचरण को देखते की बच्चा ख़ुशी से उछल पड़ता।

जब वह नन्हा बच्चा घुटनों के बल चौखट पार करता और कोई उसे पकड़ने आता, तो वह खिलखिलाकर हंसता हुआ किसी सुरक्षित जगह पर छिपने की कोशिश करता। राईचरण कहता, "मां जी, बड़ा होकर आपका बेटा जज बनेगा, पांच हज़ार रुपये कमाएगा।"

दुनिया में और कोई भी बच्चा इस उम्र में चौखट लांघने जैसा असंभव काम कर सकता है, यह राईचरण की समझ के परे की बात थी। लेकिन भविष्य में जो बच्चा जज बनेगा, उसके लिए यह कोई आश्चर्य की बात नहीं।

और जब बच्चा लड़खड़ाकर चलना सीख गया, तो ऐसा लगा जैसे राईचरण के लिए कोई आश्चर्य की बात हुई हो, और जब उस बच्चे ने मां को मां, बुआ और राईचरण को चन्ना कहकर पुकारना सीखा, तब राईचरण इस अनहोनी को होते देखने की बात सबसे कहता फिरने लगा।

वह कहता, "आश्चर्य की बात जानते हैं क्या है? नन्हा मां जी को मां, बुआ को बुआ कहने लगा है, पर मुझे वह 'चन्ना' कहकर पुकारता है। सचमुच बच्चे के दिमाग़ में यह बात आई कैसे, कहना बड़ा कठिन है।"

अवश्य ही कोई सयाना आदमी किसी बच्चे की इस तरह की बनावटी प्रतिभा का परिचय देते हुए यह नहीं कहता कि बच्चा आगे चलकर जज बनेगा। अगर कोई ऐसा करे, तो सुनने वालों को उस पर ज़रूर सन्देह होगा।

कुछ दिनों बाद राईचरण को दांतों में रस्सी पकड़कर घोड़ा बनना पड़ता और कभी-कभी उस्ताद बनकर बच्चे से कुश्ती लड़नी पड़ती। अनुकूल बाबू अपने बच्चे के लिए कलकत्ता से बच्चों के लिए एक छोटी गाड़ी ख़रीद लाए थे। साटन की कमीज़ और सिर पर ज़री की टोपी डाले, बांहों में सोने के कंगन और पैरों में पाज़ेब पहनाकर राईचरण

हर दिन सुबह-शाम बच्चे को उसकी छोटी गाड़ी में बैठाकर घुमाने ले जाया करता था।

बरसात का मौसम आया। भूखी पद्मा नदी धीरे-धीरे एक-एक करके गांव, बग़ीचे और खेतों को अपनी भूख का शिकार बनाने लगी। नदी के किनारे रेतीली ज़मीन पर उगी झाऊ की झाड़ियां भी पानी के नीचे डूब गईं। नदी के किनारे छूटने की धपाधप की आवाज़ और नदी का गर्जन दसों दिशाओं में गूंजने लगा। नदी में तेज़ गति से बहते पानी का झाग बीच-बीच में पानी के बहाव की तेज़ गति को और भी डरावना रूप देने लगा।

शाम को आसमान में बादल छाए हुए थे, किन्तु पानी बरसने की आशंका नहीं थी। ऐसे समय में राईचरण का छोटा-सा मालिक किसी भी हालत में घर में टिकना नहीं चाह रहा था। वह अपने आप ही अपनी गाड़ी पर जमकर बैठ गया। राईचरण धीरे-धीरे गाड़ी ठेलता हुआ नदी के किनारे धान के खेत के पास जाकर खड़ा हुआ। नदी में एक भी नाव नहीं थी। खेत में भी कहीं कोई दिखाई नहीं दे रहा था। उस पार बादलों की क्रीड़ा – उनका आपस में मिलना और फिर अलग होना दिखाई पड़ रहा था। उस पार रेतीले किनारे पर एक भी इंसान न था, लेकिन शब्दहीन, पर दीप्त समारोह के साथ सूर्यास्त का आयोजन हो रहा था। उस स्तब्धता को तोड़ते हुए बच्चा राईचरण को इशारा कर बोला, “चन्ना फू।”

थोड़ी दूर पर कीचड़-भरी गीली ज़मीन पर कदम्ब का एक बहुत बड़ा पेड़ था, जिस पर फूल खिले हुए थे। बच्चे की लालची नज़र उन पर जाकर पड़ी थी। दो-चार दिन पहले की ही बात थी, राईचरण ने कदम्ब के फूलों को पतली लकड़ी में गूंथकर मुन्ने को एक गाड़ी बनाकर दी थी। कदम्ब के फूलों की उस गाड़ी को रस्सी में बांधकर खींचने में मुन्ने को इतना मज़ा आने लगा था कि उस दिन राईचरण के लगाम डालने की भी ज़रूरत नहीं पड़ी थी, घोड़े से राईचरण एक ही बार में घोड़े के सेवक का पद पा गया था।

राईचरण का मन कीचड़ में से होकर फूल तोड़ने का नहीं था, इसलिए वह जल्दी से दूसरी ओर उंगली से इशारा कर बोला, “देखो-देखो, वह चिड़िया उड़ गई। आ जा चिड़िया आ, आ जा।” मुंह से इसी तरह से कुछ-कुछ बोलता हुआ राईचरण जल्दी-जल्दी गाड़ी को नदी से दूर ठेलने लगा।

पर जिस बच्चे के भविष्य में जज बनने की संभावना है, उसे इतनी आसानी से तो बहलाया नहीं जा सकता था, और वह भी तक, जब चारों ओर उसकी दृष्टि को आकर्षित करने लायक कुछ और नहीं था! फिर काल्पनिक चिड़िया से ज़्यादा देर तक बच्चे को वैसे भी नहीं भुलाया जा सकता।

राईचरण बोला, “तो फिर तुम चुपचाप गाड़ी में बैठे रहो। मैं झटपट फूल तोड़ लाता हूं। पर ख़बरदार! पानी के पास मत जाना।” इतना कहकर राईचरण घुटनों तक धोती उठाकर कदम्ब के पेड़ की ओर चला गया।

राईचरण ने बच्चे को पानी के पास जाने को मना किया था, इसलिए तुरन्त उसका मन कदम्ब के फूल की ओर से पानी की तरफ चला गया। बच्चे ने देखा, नदी का पानी उछल-उठलकर तेज़ी से भाग रहा है, जैसे कोई बड़ी शैतानी करके एक लाख बच्चों का झुंड शोर मचाता हुआ किसी एक बड़े राईचरण की नज़र बचाकर रोक लगी हुई जगह की ओर भाग रहा हो।

पानी की तरंगों के बारे में ऐसी कल्पना करने पर मनुष्य के बच्चे का मन नटखट हो उठा। वह धीरे-से गाड़ी पर से उतरा और नदी के किनारे चला गया। उसने एक लंबी पतली लकड़ी उठाई और उसे ही बंशी मान झुककर मछली पकड़ने की तैयारी करने लगा। नदी की नटखट मछलियां अपनी अस्पष्ट भाषा में इस बच्चे को बार-बार अपने खेल में शामिल होने के लिए बुला रही थीं।

एक बार झप से एक आवाज़ आई, लेकिन बरसात के मौसम में पद्मा नदी के किनारे ऐसी कितनी ही आवाज़ें होती रहती थीं।

राईचरण ने आंचल भरकर कदम्ब के फूल तोड़े। पेड़ से उतरकर वह हंसता हुआ गाड़ी के पास आया, तो वहां पर कोई नहीं था। उसने घबराकर चारों ओर नज़र डाली। किसी का कोई निशान तक नहीं था।

अब तो राईचरण के शरीर का सारा ख़ून जमकर बर्फ़ बन गया। सारी दुनिया नीरस और धूमिल हो उठी! टूटे दिल से छाती चीर देने वाली आवाज़ में उसने पुकारा, "बाबू! मुन्ना बाबू! राजा बाबू। सोना भैया मेरे।"

पर दूसरी ओर से 'चन्ना' कहकर किसी बच्चे की खिलखिलाती हुई हंसी की आवाज़ नहीं सुनाई पड़ी। केवल पद्मा नदी पहले की ही तरह छलछलाती हुई भागी जा रही थी, जैसे उसे कुछ भी नहीं मालूम। दुनिया की इन छोटी घटनाओं पर ध्यान देने के लिए उसके पास ज़रा-भी समय नहीं था।

शाम घिर आई। मुन्ने की मां ने बेचैन होकर चारों ओर अपने आदमी दौड़ा दिए। हाथ में लालटेन लिये जब लोग नदी के किनारे पहुंचे तो देखा, रात की तूफ़ानी हवा की तरह राईचरण चारों ओर 'बाबू, मुन्ना बाबू मेरे' कहकर टूटी आवाज़ से फिर रहा है। आख़िर में जब राईचरण को घर लाया गया, तो वह मालकिन के पैरों पर गिर पड़ा। उससे जितनी बार पूछा गया, वह रोता हुआ बोला, "मां जी, मैं कुछ भी नहीं जानता।"

हालांकि सभी को यह मालूम था कि यह काम पद्मा नदी का ही है, फिर भी लोगों का शक उन सपेरों पर भी हो गया, जिन्होंने पिछले दिनों से गांव के एक छोर पर डेरा डाल रखा था। पर मालकिन के मन में यह शक पैदा हुआ कि हो न हो राईचरण ने ही मुन्ने को चुरा लिया है। यहां तक कि राईचरण को बुलाकर वह बहुत विनती कर बोली, "तू मेरे बच्चे को लौटा दे – तू जितने रुपये मांगेगा, मैं दूंगी।" यह सुनकर राईचरण सिर पीट-पीटकर रोने लगा। मालकिन ने उसे घर से निकाल दिया।

अनुकूल बाबू ने अपनी पत्नी के मन से राईचरण के प्रति ग़लतफ़हमी दूर करने की पूरी कोशिश की। वह बोले, "तुम्हीं बताओ। राईचरण आख़िर इतना बड़ा अपराध क्योंकर करेगा?"

राईचरण अपने घर वापस चला गया। इतने दिनों में राईचरण के घर कोई बच्चा नहीं हुआ था, होने की उम्मीद भी नहीं थी, पर भगवान की कृपा से साल ख़त्म होने के पहले ही राईचरण की पत्नी ढलती उम्र में एक लड़के को जन्म देकर ख़ुद चल बसी।

इस नवज़ात शिशु के प्रति राईचरण के मन में अजीब विद्वेष की भावना जगी। उसे लगा, यह लड़का धोखा देकर उसके मुन्ना बाबू की जगह छीनने के लिए आया है। उसे लगा, मालिक के एकमात्र लड़के को पानी में डुबाकर ख़ुद सन्तान का सुख भोगना महापाप है। राईचरण की विधवा बहन अगर नहीं होती, तो यह बच्चा इस दुनिया में ज़्यादा दिनों तक जी भी नहीं पाता।

आश्चर्य की बात तो यह थी कि कुछ दिनों के बाद यह बच्चा भी घुटनों के बल चौखट पार करना सीख गया और किसी का कोई कहना न मान तरह-तरह की शैतानी करने लगा। यहां तक कि वह रोता और हंसता भी मुन्ना बाबू की तरह ही था। कभी-कभी उसका रोना सुनकर राईचरण का दिल ज़ोर से धड़क उठता। उसे लगता, जैसे मुन्ना बाबू किसी दूर अनजाने प्रदेश में अपने चन्ना को खोकर रो रहा है।

फेलना – राईचरण की बहन ने इस बच्चे का नाम यही रखा था। फेलना यानी फालू। इसने भी एक दिन बुआ को बुआ कहकर पुकारा। वही परिचित पुरानी आवाज़ सुनकर राईचरण को लगा, 'इसके माने यह है, तो मुन्ना बाबू मेरा मोह छोड़कर कहीं नहीं गया। उसने मेरे ही घर जन्म लिया है।'

राईचरण इस प्रकार के विश्वास के पीछे कुछ यथार्थ का तर्क भी था। पहला तो यह कि उसके इस बच्चे ने मुन्ना बाबू की मृत्यु के बाद जन्म लिया था। दूसरा, इतने वर्षों के बाद एकाएक उसकी पत्नी के गर्भ से सन्तान पैदा हुई, जो पत्नी की अपनी क्षमता के बस पर संभव

नहीं था। और तीसरा कि फेलना भी घुटनों के बल चलता था, चलते समय उसके भी पैर लड़खड़ाते थे, और यह भी कि वह भी मुन्ना की तरह बुआ को बुआ कहता था। जिन लक्षणों के रहने पर भविष्य में जज बना जा सकता है, वे सारे-के-सारे लक्षण इस बच्चों में भी थे।

तभी अचानक राईचरण को अपनी मालकिन के उस भयानक सन्देह की बात याद पड़ गई। मन-ही-मन राईचरण को आश्चर्य हुआ, 'अहा, मां का मन जान गया था कि उसके बच्चे को किसने चुराया था।' इसके बाद ही उस बच्चे के प्रति अब तक की अवहेलना के लिए राईचरण को बड़ा अफ़सोस हुआ। अब वह बच्चे से हिल-मिल गया।

अब से राईचरण फेलना का किसी बड़े घर के लड़कों की तरह पालन-पोषण करने लगा। उसे साटन की कमीज़ ख़रीदकर दी, ज़री की टोपी बनवा दी। स्वर्गीय पत्नी के ज़ेवर तुड़वाकर हाथ के कंगन बनवा दिए। वह मुहल्ले के किसी बच्चे के साथ उसे खेलने नहीं देता था। रात-दिन उस बच्चे के साथ वह खुद ही खेलने लगा। मौक़ा मिलने पर उसे मुहल्ले के बच्चे 'नवाब का बेटा' कहकर चिढ़ाते। गांव के लोग-बाग भी राईचरण के इस पागलपन को देखकर हैरान रह जाते। फेलना की जब पढ़ने की उम्र हुई, राईचरण अपनी सारी खेती-बाड़ी ज़मीन-जायदाद, जो कुछ भी था, सारा बेच-बाचकर कलकत्ता चला गया। वहां उसने बड़ी परेशानी से अपने लिए एक नौकरी का जुगाड़ कर फेलना को स्कूल में भर्ती करा दिया। ख़ुद जैसे-तैसे रहकर भी उसने लड़के को अच्छा खाना, अच्छा कपड़ा और अच्छी शिक्षा देने में कोई कसर नहीं रखी। राईचरण मन-ही-मन कहता, 'बेटे इतने प्यार से मेरे घर आए हो, इसलिए तुम्हारी देखभाल में कोई कमी हो, ऐसा नहीं हो सकता।'

इसी तरह बारह वर्ष बीत गए। लड़का पढ़ने-लिखने में अच्छा था। देखने में भी भला था। शरीर हृष्ट-पुष्ट था। सांवला सलोना रंग था ...बालों को एक ख़ास अदा से संवारता। स्वभाव से आरामपसंद और शौक़ीन। बाप को बाप की तरह नहीं समझता था, क्योंकि राईचरण प्रेम में पिता, पर सेवा में उसके नौकर जैसा था। राईचरण की सबसे बड़ी

ग़लती यह थी कि उसने खुद सबसे इस बात को छिपाकर रखा कि वह फेलना का पिता है। जिस छात्रावास में फेलना रहता था, वहां के विद्यार्थी पूर्वी बंगाल के राईचरण को लेकर तरह-तरह के मज़ाक किया करते थे और पिता की ग़ैरमौजूदगी में फेलना उस मज़ाक में भाग नहीं लेता था, यह कहना मुश्किल है। फिर भी निरीह भोले-भाले बाल-सुलभ स्वभाव के राईचरण को सभी बच्चे बड़ा प्यार करते थे, और फेलना भी उसे प्यार करता था। लेकिन जैसा मैंने पहले ही कहा है, ठीक बाप की तरह नहीं, फेलना के इस प्यार में थोड़ा-बहुत दया का भाव भी मिला हुआ होता।

राईचरण अब बूढ़ा हो चला था। उसका नया मालिक उसके काम-काज में हर समय कोई-न-कोई ग़लती निकालता रहता। सच तो यह था कि राईचरण का शरीर भी अब कमज़ोर हो चला था। अब काम में वह पहले जैसा जी नहीं लगा पाता। कोई-कोई काम भूल भी जाता। पर जो आदमी नौकर को पूरी तनख़्वाह देता है, वह आख़िर बुढ़ापे का रोना क्यों सुने?

दूसरी तरफ, ज़मीन-जायदाद बेचकर राईचरण जो रुपये ले आया था, वे भी अब ख़त्म हो रहे थे। इन दिनों फेलना भी कपड़े-लत्ते को लेकर खिटपिट किया करता। उसकी पैसों की मांग भी बढ़ती जा रही थी।

एक दिन अचानक राईचरण ने अपना काम छोड़ दिया और फेलना के हाथ में कुछ रुपये देकर बोला, "मुझे बड़ा ज़रूरी काम आ पड़ा है। मैं थोड़े दिनों के लिए गांव जा रहा हूं।" इतना कहकर राईचरण सीधा बारासात में पहुंच गया। उन दिनों अनुकूल बाबू वहां मुंसिफ़ के पद पर थे।

अनुकूल बाबू की कोई दूसरी सन्तान नहीं हुई थी। उनकी पत्नी भी अभी तक बेटे का ग़म पाले हुए थी।

एक दिन अनुकूल बाबू अदालत से लौटकर आराम कर रहे थे, और उनकी गृहिणी जिसने एक साधु से सन्तान-प्राप्ति के लिए बहुत पैसे देकर कोई जड़ी-बूटी ख़रीदी थी, अब उनका आशीर्वाद मांग रही थी। इसी समय आंगन में एक आवाज़ सुनाई पड़ी, "प्रणाम मां जी।"

अनुकूल बाबू बोले, "कौन है रे?"

राईचरण ने आगे बढ़कर प्रणाम किया। बोला, "मैं राईचरण हूं, बाबू।"

बूढ़े राईचरण को देखकर अनुकूल बाबू का हृदय करुणा से भर उठा। उन्होंने उसका हालचाल पूछा और फिर काम पर रखने का प्रस्ताव भी रखा।

राईचरण म्लान-सी हंसी हंसकर बोला, "मैं एक बार मां जी को प्रणाम करना चाहता हूं।"

अनुकूल बाबू राईचरण को साथ लेकर अन्दर गए। मालकिन कोई प्रसन्न मन से राईचरण से नहीं मिली, पर राईचरण ने उस तरफ ध्यान नहीं दिया और हाथ जोड़कर बोला, 'मालिक, मां जी तुम्हारे लड़के को मैंने ही चुराया था, पद्मा नदी ने नहीं। यह किसी दूसरे का नहीं, मेरे जैसे बेईमान का ही काम था...।"

अनुकूल बाबू बोले, "क्या बोलता है रे तू? कहां है वह?"

"जी, मेरे ही पास है। परसों मैं उसे यहां पहुंचा दूंगा।"

उस दिन रविवार का दिन था। कचहरी बन्द थी। सुबह से ही पति-पत्नी उत्सुक होकर राह देख रहे थे। दस बजे फेलना को लेकर राईचरण वहां पहुंचा।

अनुकूल बाबू की पत्नी ने फिर कोई प्रश्न नहीं किया। कुछ भी सोच-विचार किए बिना उन्होंने उस बालक को गोद में बैठाकर सहलाया, फिर सूंघा और व्याकुल होकर अतृप्त आंखों से उसे देख-देखकर कभी रोने, तो कभी ख़ुशी से हंसने लगी। लड़का वाक़ई देखने में अच्छा था।

कपड़े-लत्तों में भी ग़रीबी की कोई छाप नहीं थी। चेहरे पर लजीला-सा भाव था। बड़ा ही प्रिय और विनीत स्वभाव का लड़का था। इस लड़के को देखकर अनुकूल बाबू के हृदय में भी प्रेम उमड़ पड़ा।

फिर भी अविचलित भाव से अनकूल बाबू बोले, "राईचरण इसका कोई प्रमाण है तुम्हारे पास?"

राईचरण बोला, "ऐसे काम का क्या सबूत हो सकता है, बाबू? मैंने आपका बच्चा चुराया था, यह बात केवल भगवान को ही मालूम है। दुनिया में और किसी को यह बात मालूम नहीं।"

लड़के को देखते ही अनुकूल बाबू की पत्नी ने उसे जिस हठ से अपनाया, उसे देखते हुए अनुकूल बाबू को भी प्रमाण ढूंढ़ने की कोई कोशिश बेकार लगी। जो भी हो, राईचरण को ऐसा लड़का मिलता भी कहां से, और बूढ़ा नौकर बिना कारण उन्हें धोखा भी क्यों देगा?

बच्चे से बातचीत के दौरान अनुकूल बाबू को पता चला कि वह बचपन से राईचरण के ही साथ रहा है और राईचरण को ही अपना पिता समझता आया है। पर राईचरण ने कभी उसके साथ पिता जैसा व्यवहार नहीं किया। उसमें नौकर जैसा ही भाव रहा है।

अनुकूल बाबू अपने मन की शंका को दूर हटाकर बोले, "लेकिन एक बात है राईचरण। तू फिर कभी हमारी छाया तक नहीं छूने आएगा। समझा?"

राईचरण हाथ जोड़कर भरे हुए गले से बोला, "मालिक, बुढ़ापे में मैं और कहां जाऊंगा?"

मालकित बोली, "अहा! इसे रहने दीजिए। मेरे बच्चे का भला होगा। मैंने इसे माफ़ किया।"

पर न्याय में विश्वास रखने वाले अनुकूल बाबू बोले, "उसने जैसा काम किया है, उसे माफ़ नहीं किया जा सकता।"

राईचरण ने अनुकूल बाबू के पैर पकड़ लिये। बोला, "मैंने कुछ भी नहीं किया बाबू। यह सब ईश्वर का काम है।"

अपना पाप भगवान के कंधों पर लादते देखकर अनुकूल बाबू और भी गुस्सा हो गए। बोले, "जिसने इतने बड़े विश्वासघात का काम किया है, उस पर विश्वास करना उचित नहीं है।"

राईचरण मालिक के पैर छोड़कर बोला, "वह मैं नहीं हूं मालिक।"

"तो फिर कौन है?"

"मेरा भाग्य।"

पर इस तरह की हालत से कोई पढ़ा-लिखा व्यक्ति कहीं सन्तुष्ट होता?

राईचरण बोला, "बाबू, इस दुनिया में मेरा और कहीं कोई नहीं।"

फेलना ने जब सुना कि वह मुंसिफ का लड़का है और बहुत दिनों तक राईचरण ने उसे छिपाकर रखा और अपना बेटा बताकर उसका अनादर किया, तो मन-ही-मन वह भी गुस्सा हो गया, फिर भी उदार भाव दिखाकर बोला, "पिता जी, इसे क्षमा कर दीजिए। घर में अगर नहीं रहने दे सकते, तो उसके लिए कोई मासिक रक़म बांध दीजिए।"

इसके बाद राईचरण ने कुछ कहे-सुने बिना एक बार बेटे की ओर देखा, फिर सबको प्रणाम किया और उसके बाद दरवाज़े से बाहर निकलकर अनगिनत लोगों की भीड़ के बीच कहीं खो गया। महीने के आख़िर में जब राईचरण के घर के पते पर अनुकूल बाबू ने कुछ रुपये भेजे, तो वे रुपये कुछ दिनों में वापस लौट आए। वहां राईचरण नाम का कोई व्यक्ति नहीं रहता था।

सोने का मृग

आद्यानाथ चक्रवर्ती और वैद्यनाथ चक्रवर्ती दो चचेरे भाई थे। दोनों में वैद्यानाथ की हालत कुछ ठीक नहीं थी। वैद्यानाथ के पिता महेशचन्द्र बिल्कुल भी व्यवहार-कुशल नहीं थे। वह पूरी तरह अपने भाई शिवनाथ पर निर्भर थे। शिवनाथ ने भाई से चिकनी-चुपड़ी बातें करके उनकी सारी जायदाद स्वयं हड़प ली। महेशचन्द्र के पास अब केवल कंपनी के कुछ काग़ज़ रह गए थे। जीवन के सागर में ये ही कुछ काग़ज़ात उनके एकमात्र सहारा रह गए थे।

शिवनाथ ने बड़ी खोजबीन के बाद किसी धनवान की एकमात्र लड़की के साथ अपने लड़के आद्यानाथ की शादी करवाकर जायदाद बनाने की एक और जुगत निकाल ली। महेशचन्द्र ने सात कन्याओं के बोझ से लदे किसी ग़रीब ब्राह्मण पर कृपा कर अपने एकमात्र पुत्र का विवाह उनकी बड़ी लड़की के साथ बिना एक पैसा लिये कर दिया था। उस ग़रीब ब्राह्मण ने भी इस तरह का उनसे कोई अनुरोध नहीं किया था। पर फिर भी बाक़ी लड़कियों के विवाह में उन्होंने अपनी शक्ति से बाहर जाकर धन की सहायता दी थी।

पिता की मृत्यु के बाद वैद्यनाथ अपनी कंपनी के उन काग़ज़ात को लेकर ही पूरी तरह निश्चिन्त और संतुष्ट थे। काम-काज की बात वह सोचते भी नहीं थे। पर एक काम उनका जरूर था – पेड़ की टहनियां काटकर बड़ी कोशिश से उनसे छड़ियां बनाना। आसपास के तमाम बच्चे और जवान – सभी उनके पास उनकी छड़ियों के उम्मीदवार बनकर पहुंचते थे। वह भी उन्हें छड़ी देते थे। इसके अलावा उदार मन

से मछली पकड़ने की बंसी तथा पतंग और लटाइयां आदि बनाने में भी उनका बहुत समय बीतता था। जिस काम में बहुत प्रयत्न से बहुत समय तक काटने-छीलने की ज़रूरत पड़े, पर जो दुनिया की आंखों में बेकार हो, वैसा काम हाथ में आने पर वैद्यनाथ चक्रवर्ती का उत्साह असीम हो जाता।

मुहल्ले के चंडीमंडप में जब बड़े-बुजुर्गों के बीच दूसरों की चर्चा और निन्दा का कुहासा छा गया था, तब उस सारे समय वैद्यनाथ कम धार वाला चाकू और पेड़ की एक टहनी लेकर सुबह से दोपहर तक, और फिर दोपहर के खाने तक और विश्राम के बाद से शाम तक अपने बरामदे में अक्सर अकेले बैठे दिखाई पड़ते थे।

गृहिणी मोक्षदासुन्दरी का असन्तोष प्रतिदिन बढ़ता जा रहा था। उसको लगता, आद्यानाथा के घर में जिस तरह की तड़क-भड़क है, वैसी वैद्यनाथ के घर में क्यों नहीं है? उस घर की विन्ध्यवासिनी के पास जिस तरह के ज़ेवर थे, बनारसी साड़ियां थीं, बातचीत के तौर-तरीक़ों और चाल-ढाल में जो घमंड था, वह सब मोक्षदा के पास नहीं था, इससे बढ़कर ख़राब बात और क्या हो सकती थी? और फिर जब परिवार एक ही था। भाई की जायदाद ठगकर ही तो उन लोगों ने इतनी उन्नहत की थी। मोक्षदा जितनी ही सुनती, उतनी ही उसका अपने ससुर और उससे भी अधिक ससुर के एकमात्र पुत्र के प्रति अश्रद्धा और तिरस्कार बढ़ता जाता। अपने घर में उसे कुछ भी अच्छा नहीं लगता था। उसे हर चीज़ में कमी दिखती। हर बात पर उसे अपमान का बोध होता। घर में सोने के लिए जो पलंग था, वह मुर्दा ले जाने के लायक भी नहीं था। घर ऐसा था कि जिसके सातों कुल में कोई नहीं हों, वहां अनाथ चमगादड़ का बच्चा भी रहना पसंद नहीं करे, और घर का सामान देखकर तो ब्रह्मचारी परमहंस की आंखों में भी आंसू आ गए। इस तरह की बातों का प्रतिवाद करना भयभीत पुरुष जाति के लिए बड़ा असंभव है। इसलिए वैद्यनाथ बाहर के बरामद में बैठकर बहुत मन लगाकर छड़ी बनाने में जुटे रहते।

लेकिन इस तरह चुप रहने से संकट से हमेशा के लिए तो बचा नहीं जा सकता। किसी-किसी दिन मोक्षदा पति के कलाकार्य में बाधा पहुंचाकर उन्हें अन्दर बुला लेती और बड़ी गंभीर होकर दूसरी ओर देखकर बोलती, "ग्वाले को दूध लाने के लिए मना कर दो।" वैद्यनाथ थोड़े समय चुप रहने के बाद सहजता से बोलते, "दूध बन्द करने से कैसे चलेगा? बच्चे क्या पीएंगे?" गृहिणी बोलती, "आमानि (चावल का मांड)।"

किसी-किसी दिन वैद्यनाथ की पत्नी वैद्यनाथ को बुलाकर बोलती, "मैं कुछ नहीं जानती, तुम्हें जो करना है करो।"

वैद्यनाथ उदास भाव से बोलते, "क्या करना होगा?"

पत्नी कहती, "इस महीने का सामान बाज़ार से लाकर दो।" यह कहकर वह जो सूची देती, उससे कोई राजसूय यज्ञ हो सकता था।

वैद्यनाथ यदि साहस जुटाकर पूछते, "इतनी चीज़ों की क्या ज़रूरत है?" तो उत्तर मिलता, "बच्चे भूख से मर जाएंगे और मैं भी मर जाऊंगी। फिर तुम अकेले बिल्कुल कम में गृहस्थी चला लेना।"

इस तरह धीरे-धीरे वैद्यनाथा समझ गए थे कि छड़ी बनाना उन्हें बन्द करना पड़ेगा और किसी रोज़गार का इन्तज़ाम करना पड़ेगा। नौकरी या व्यापार करना वैद्यनाथ के लिए मुश्किल था, इसलिए कुबेर के भंडार में प्रवेश का कोई आसान रास्ता ढूंढ़ना पड़ेगा।

एक दिन रात को बिस्तर में लेटकर उन्होंने भयभीत भाव से प्रार्थना की – 'हे मां जगदंबे, स्वप्न में यदि किसी भयंकर रोग की पेटेंट दवा बतला दो, तो कागज़ में उसका विज्ञापन निकलवाने का भार मेरा रहेगा।'

उस रात वैद्यनाथ ने सपना देखा कि उसकी पत्नी ने उनके ऊपर नाराज़ होकर 'विधवा विवाह करूंगी' की ज़िद कर दी है। वैद्यनाथ उस प्रस्ताव पर यह कहकर आपत्ति उठा रहे हैं कि पैसों की कमी से गहने कैसे बनेंगे? पर उनकी पत्नी उनकी बात को काट कर बोल रही है कि विधवा को गहनों की ज़रूरत नहीं होती। इसका भी एक उचित

जवाब था, पर वह वैद्यनाथ को याद ही नहीं आ रहा था। ऐसे समय उनकी नींद खुल गई और उन्होंने देखा कि सुबह हो गई है। उनकी पत्नी का विधवा विवाह क्यों नहीं हो सकता था, उसका सही जवाब अब शीघ्र उनके दिमाग़ में आ गया और इससे उनके मन में थोड़ा दुख भी हुआ।

दूसरे दिन सुबह कार्य से निपटकर वैद्यनाथ अकेले बैठे-बैठे पतंग बना रहे थे। ऐसे समय एकाएक एक साधु 'जय हो, जय हो' कहते हुए उनके दरवाज़े पर आ खड़े हुए। वैद्यनाथ के शरीर में उसी क्षण बिजली-सी दौड़ गई। उन्हें लगा, ऐश्वर्य की सफ़ेद मूर्ति ही साक्षात उनकी आंखों के सामने है। उन्होंने साधु को बड़े स्वागत से बैठाया, खाना खिलाया। बड़ी विनती करने के बाद वह जान पाए कि साधु सोना बना सकते हैं और चाहने पर यह विद्या वैद्यनाथ को भी सिखा सकते हैं।

यह सुनकर वैद्यनाथ की पत्नी भी नाच उठी। पीलिया के रोगी को जैसे हर चीज़ पीली दिखाई देती है, वैसे ही वैद्यनाथ भी हर स्थान पर सोना देखने लगे। उन्होंने कल्पना के कारीगर से सोने का पलंग, घर का सारा सामान, यहां तक कि घर की दीवारें तक सोने से बनवाकर मन-ही-मन मोक्षदा को समर्पित कर दिया।

मछली पकड़ने की बंसी, छड़ी और लटाई के लालची बच्चे अब वैद्यनाथ का बन्द दरवाज़ा बार-बार बेकार खटखटाकर लौट जाते। घर के बच्चों को समय पर खाना नहीं मिलता। गिरकर उनका सिर फूट जाता, तो उनका रोना आकाश चीर देता था, पर अब पति-पत्नी में से किसी को इसकी कोई परवाह नहीं रहती। वे दोनों चुपचाप आग के पास बैठे-बैठे कढ़ाई में आंखें गड़ाए रहते। उनकी आंखों की पलकें भी नहीं झपकतीं। मुंह में उनके आवाज़ नहीं थी। एकटक देखते-देखते आग की लौ की परछाईं ने उनकी प्यासी आंखों को भी पारसमणि बना दिया था। उनकी आंखें सूर्यास्त की लालिमा की तरह लाल हो चुकी थीं।

कम्पनी के दो कागज़ात की इस स्वर्ण-अग्नि में आहुति देने के बाद एक दिन संन्यासी ने कहा, "कल सोने में रंग आ जाएगा।"

उस रात दोनों को ही नींद नहीं आई। पति-पत्नी मिलकर सोने की शिला बनाने लगे। इस मामले में रह-रहकर दोनों के बीच मतभेद हो जाता, बहस भी हो जाती, पर ख़ुशी के आवेश में उन झगड़ों का निपटारा भी झट हो जाता। एक-दूसरे के लिए अपनी ज़िद कुछ कम करने पर दोनों राज़ी हो जाते। उस रात दाम्पत्य प्रेम खूब जमा था।

दूसरे दिन सन्यासी कहीं दिखाई नहीं पड़े। चारों ओर जो सुनहरा रंग दिखाई देता था, अब न जाने कहां खो गया। अब तो सूर्य की किरणें अंधेरी दिखाई दे रही थीं। इसके बाद से सोने के पलंग, घर का सामान और घर की दीवारों से और भी ग़रीबी और जीर्णता टपकने लगी।

उसके बाद से घर के मामले में जब भी वैद्यनाथ अपनी कोई राय देना चाहते, उसकी पत्नी तीखी पर मीठी आवाज़ में कहती, "बुद्धि का परिचय तुमने बहुत दिया है। अब थोड़े दिनों तक चुप बैठो।" सुनकर वैद्यनाथ बिल्कुल बुझ जाते।

उधर मोक्षदा ऐसा ऊंचा भाव दिखाती, जैसे स्वर्ण-मरीचिका के लिए एक पल के लिए भी उतावली न हुई हो।

अपराधी वैद्यनाथ पत्नी को थोड़ा सन्तुष्ट करने के लिए तरह-तरह के उपाय सोचने लगे। एक दिन वह चौकोर कागज़ में कोई उपहार लपेटे पत्नी के पास आए और हंसकर बोले, "कहो तो क्या लाया हूं?" पत्नी कौतूहल छिपाकर उदासीन भाव से बोली, "कैसे बताऊं? मैं तो कोई अलादीन का जिन नहीं हूं।"

वैद्यनाथ ने अब समय बर्बाद न कर पहले पैकेट की रस्सी धीरे-से खोली, फिर फूंक मार उससे धूल साफ़ की और पैकेट खोलकर आर्ट स्टूडियो के महाविद्या के दस रंगीन फ़ोटो निकालकर पत्नी के सामने रखे।

पर इन्हें देखकर पत्नी के मन में तुरन्त विन्ध्यवासिनी के सोने के कमरे में रखे विलायती तैलचित्र की याद आई। वह बड़े तिरस्कार के साथ बोली, "हाय, मैं मर जाऊं। इन फ़ोटो को अपनी बैठक में

टांगकर बैठे-बैठे तुम देखा करते रहना। मुझे इसकी आवश्यकता नहीं।" उदास वैद्यनाथ समझ गए कि बहुत से और गुणों की तरह ईश्वर ने उन्हें औरत को खुश करने के गुण से भी वंचित रखा था। इधर देश में जितने भी ज्योतिषी थे, मोक्षदा ने सभी को अपना हाथ दिखाया, जन्मकुंडली दिखाई। सभी ने कहा, वह सुहागिन ही मरेगी। लेकिन मोक्षदा उस आनन्दमय परिणाम के लिए बिल्कुल बेचैन नहीं थी। इसके लिए उसके मन में कौतुहल भी नहीं था।

एक ज्योतिषी ने कहा कि सन्तान-रेखा अच्छी है, पुत्र-कन्याओं से उसका घर जल्द भर जाने की संभावना है। यह सुनकर भी मोक्षदा ने कोई खुशी प्रकट नहीं की।

अन्त में एक ज्योतिषी ने कहा, "साल-भर के अन्दर यदि वैद्यनाथ को छिपा हुआ धन नहीं मिला तो मैं अपनी ज्योतिष की सारी किताबों तथा पंचांग आदि को जला डालूंगा।" ज्योतिष के ऐसे दावे को सुनकर मोक्षदा के मन में अब कोई अविश्वास नहीं रहा।

ढेर सारी दक्षिणा लेकर ज्योतिषी ने विदाई ली। पर वैद्यनाथ का जीवन कष्टमय हो उठा। पैसे कमाने के कुछ मामूली प्रचलित उपाय हैं, खेती-बाड़ी, नौकरी, व्यापार, चोरी, धोखाधड़ी आदि। लेकिन गुप्त धन प्राप्त करना इनमें से नहीं है। इसके लिए मोक्षदा वैद्यनाथ का उत्साह जितना बढ़ाती, तिरस्कार करती, वैद्यनाथ को उतना ही कोई रास्ता और नहीं सूझता था। वे कहां की ज़मीन खोदें, किस तालाब में अपनी पनडुब्बी उतारें, घर की कौन-सी दीवार तोड़ने पर उन्हें कुछ तिलने की संभावना है, वह कुछ समझ नहीं पा रहे थे।

मोक्षदा बहुत गुस्सा होकर पति से बोलती, "तुम्हारे दिमाग़ में गोबर भरा है, यह मुझे पहले मालूम नहीं था। थोड़े हिल-डुलकर देखो। मुंह फाड़े बैठे रहने से आकाश से पैसे बरसेंगे?"

बात सच थी। वैद्यनाथ कुछ करना भी चाहते थे। पर वह हिले भी तो कैसे, कहां जाएं, क्या करें, कौन बताता? अन्त में दालान में बैठकर वैद्यनाथ फिर छड़ियां बनाने लगे।

क्वार का महीना आया। दुर्गा-पूजा होने वाली थी। चतुर्थी के दिन से ही घाट पर नावें आने लगीं। प्रवास से लोग घर लौट रहे थे। उनकी टोकरियों में जिमिकन्द, काशीफल, नारियल आदि रहते। टिन के बक्से में बच्चों के लिए जूते, छाते, कपड़े, पत्नी के लिए इत्र, साबुन, कहानी की कोई नई किताब और सुगन्धित नारियल का तेल भी साथ में आता।

आसमान में कहीं-कहीं बादल छाए हुए थे। शरद ऋतु की सूरज की किरणें भी उल्लास के उत्सव में हंस रही थीं। पके धान की मंजरियां लहलहा रही थीं। बारिश के जल से धुले हुए पेड़-पौधे शीत ऋतु की ठंडी हवा में सिरसिरा रहे थे – और टसर का बना चाइना कोट पहने, कन्धे पर चादर लटकाकर, छाता लगाए लोग मैदान के रास्ते से होकर घर लौट रहे थे।

वैद्यनाथ के बच्चों ने सुबह से ही प्रतिमा को बनते देखने के लिए आद्यानाथ के घर की चारदीवारी पर भीड़ लगा रखी थी। खाने के समय नौकरानी ज़बर्दस्ती उन्हें पकड़ लाई। वैद्यनाथ उस समय बैठे-बैठे विश्वव्यापी उत्सव के बीच अपने जीवन की असफलता पर सोच रहे थे। नौकरानी के हाथों से दोनों लड़कों को छुड़ाकर उन्हें अपने पास प्यार से बैठाकर बड़े लड़के से पूछा, "हां रे अबू, बता तो इस बार दशहरे में तेरा क्या लेने का मन है?"

अविनाश ने तुरंत जवाब दिया, "एक नाव पिता जी।"

छोटे लड़के ने सोचा, 'बड़े भाई से किसी भी चीज़ में छोटा नहीं रहना चाहिए', इसलिए उसने भी कहा, "पिता जी, मुझे भी एक नाव दीजिएगा।"

दोनों बाप के ही तरह के बेटे थे। फालतू का शिल्प-कार्य मिल जाए, तो और कुछ नहीं चाहिए। बाप ने कहा, "अच्छी बात है।"

इधर यथासमय दशहरे की छुट्टी में मोक्षदा के एक चाचा घर लौटे। वह पेशे से वकील थे। मोक्षदा कुछ दिनों तक उनके यहां बहुत आती-जाती रही।

फिर एक दिन पति से बोली, "सुनो, तुम्हें एक बार काशी जाना पड़ेगा।"

वैद्यनाथ को एकाएक लगा, शायद उनका मृत्यु का समय आ गया है। ज्योतिषी ने उनकी जन्मकुंडली देखकर बात बताई होगी, सहधर्मिणी को पता लगा होगा, इसलिए पति को स्वर्ग पाने का रास्ता बता रही थी।

बाद में पता चला कि ऐसा सुना गया था कि काशी में एक ऐसा घर है, जहां गुप्त धन छिपा है। वैद्यनाथ को वह मकान ख़रीदकर वहां से गुप्त धन निकालकर बाहर लाना था।

वैद्यनाथ बोले, "मैं काशी नहीं जा सकता।" वैद्यनाथ घर छोड़कर कभी बाहर गए नहीं थे। गृहस्थ को कैसे घर से बाहर किया जाता है! इस पर पुराने शास्त्रकारों ने लिखा है कि अनपढ़ होने पर भी औरतें इस विषय में बहुत चतुर होती हैं। मोक्षदा भी केवल अपनी बात से कमरे में मिर्च का धुआं छोड़ती थी, लेकिन इसके बावजूद वैद्यनाथ केवल आंखों से पानी बहाते, काशी जाने का नाम नहीं लेते।

इसी तरह से दो-तीन दिन बीत गए। वैद्यनाथ ने कुछ लकड़ी काटकर उससे खिलौने की नावें बनाईं। नाव में मस्तूल भी लगाया, कपड़ा काटकर उसका पाल बनाया, लाल कपड़े का निशान लगाया। नाव में पतवार लगा दिए और एक गुड्डे को मांझी और दूसरे को सवार बनाया। बड़ी कोशिश से उन्होंने इतनी सुन्दर नावें बनाईं थीं। ऐसी नावें देखकर जिसका मन अधीर और चंचल न हो, ऐसे बच्चे कहीं नहीं मिलेंगे।

सप्तमी की पूजा की रात को जब वैद्यनाथ ने बच्चों के हाथ में नाव दी, वे ख़ुशी से झूम उठे। वे तो नाव के ढ़ाचे से ही ख़ुश होते। फिर इनमें तो पतवार भी थी। मस्तूल, मांझी, पाल, सवार—सब-कुछ था। वे दंग रह गए।

बच्चों की ख़ुशी के शोर से आकर्षित होकर मोक्षदा ने आकार दरिद्र पति के दशहरे की भेंट देखी, और रोकर अपना सिर पीट लिया।

दोनों खिलौनों को बच्चों से छीनकर खिड़की से बाहर फेंक दिया और कहने लगी, "सोने का हार नहीं, साटन की कमीज़ नहीं, ज़री की टोपी नहीं, अभागा बाप दो खिलौने देकर अपने बच्चों को धोखा दे रहा है। और उसमें दो पैसे भी खर्च नहीं हुए, अपने ही हाथों के बनाए खिलौने दे रहा है।"

छोटा लड़का जब बहुत ज़ोर से रोने लगा, तो मोक्षदा ने 'बेवक़ूफ़' कहकर उसके गाल पर कसकर एक तमाचा जड़ दिया। बड़ा लड़का पिता की ओर देखकर अपना दुख भूल गया। उसने प्रसन्न भाव से कहा, "पिता जी, मैं सुबह उठकर नावों को उठा ले आऊंगा।"

उसके दूसरे ही दिन वैद्यनाथ काशी जाने के लिए तैयार हो गए। पर जाने के लिए रुपये कहां थे? उनकी पत्नी अपने गहने बेचकर रुपये ले आई। वैद्यनाथ की दीदी के समय के ज़ेवर थे। इतना असली सोना और इतने भारी गहने आजकल मिलते भी नहीं।

वैद्यनाथ को लगा, वह मरने के लिए जा रहे हैं। लड़कों को गोद में लेकर चूमा और आंखों में आंसू लिये घर से निकल पड़े। चलते समय मोक्षदा भी रोने लगी।

काशी के मकान के मालिक वैद्यनाथ के चचिया ससुर के मुवक़्क़िल थे। शायद इसी कारण मकान कुछ अधिक दामों में वैद्यनाथ के हाथ बिका। वैद्यनाथ ने अकेले ही घर में प्रवेश किया। मकान नदी के किनारे ही बना था। नदी का पानी मकान की नींव से लगकर बह रहा था।

रात को वैद्यनाथ को अकेले घर में डर-सा लगा। सूने घर में सिरहाने वह दीया जलाकर, चादर तान सो गया।

पर उन्हें नींद नहीं आ रही थी। रात गहराने पर जब सारा कोलाहल बन्द हो गया, तब किसी चीज़ के गिरने की झनझनाहट सुनकर वैद्यनाथ चौंक उठे। आवाज़ हल्की पर साफ़ थी, जैसे पाताल में राजा बलि के भंडार में ख़ज़ांची बैठा-बैठा रुपया गिन रहा हो।

वैद्यनाथ को डर लगा। कौतूहल हुआ। साथ ही आशा भी

बंधी। कांपते हाथों से दीया लेकर उन्होंने हर कमरे का चक्कर लगाया। एक कमरे में जाते, तो लगता आवाज़ दूसरे कमरे से आ रही है, उस कमरे में आते, तो लगता आवाज़ उस कमरे से आ रही है। सारी रात वैद्यनाथ एक कमरे से दूसरे कमरे में घूमते रहे। इसी तरह सुबह हो गई। सुबह दूसरे हज़ारों शब्दों के बीच एक आवाज़ खो गई।

रात को लगभग दो-तीन बजे के आसपास, जब सारी दुनिया सो गई, वह आवाज़ फिर सुनाई देने लगी। वैद्यनाथ मन-ही-मन चंचल हो उठे। आवाज़ के पीछे-पीछे वे किधर भागें, उनकी समझ में नहीं आ रहा था। रेगिस्तान में पानी की लहरों की आवाज़ गूंज रही थी, पर वह आवाज़ किधर से आ रही थी, यही समझ में नहीं आ रहा था। डर भी लग रहा था कि ग़लत रास्ता पकड़ने से कहीं वह छिपी हुई जल की धारा से बिल्कुल ही वंचित न हो जाए। प्यासा राही हतप्रभ-सा खड़ा-खड़ा कान लगाकर सुनने की कोशिश करता है, उसकी प्यास बढ़ती जाती है – वैद्यनाथ की हालत भी बिल्कुल वैसी ही थी।

कई दिन इसी अनिश्चितता के बीच बीत गए। अनिद्रा और झूठी उम्मीद से उनके सन्तोष, सुन्दर चेहरे पर चिन्ता की रेखाएं पड़ गईं। आंखें धंस गईं, पर उनकी चौकन्नी आंखों में, रेगिस्तान की धूप में तपे बालू की तरह चमक आ गई।

अन्त में एक दिन सारे दरवाज़े बन्द कर कमरे के फ़र्श पर कुल्हाड़ी मार-मारकर वे जांचने लगे। बग़ल वाले किसी छोटे कमरे से आवाज़ हुई।

जब रात गाढ़ी हो आई, वैद्यनाथ अकेले बैठकर उस कमरे की ज़मीन खोदने लगे। सुबह होने तक खोदने का काम पूरा हुआ।

वैद्यनाथ ने देखा, उस कमरे के अंदर एक तहख़ाना बना हुआ था, पर रात के अंधेरे में उसमें उतरने की हिम्मत नहीं हुई। वह गड्ढे के ऊपर बिस्तर बिछाकर सो गए। पर तुरन्त ही आवाज़ इतनी तेज़ होने लगी कि वह डर के मारे वहां से उठ गए। लेकिन फिर भी कमरा छोड़कर बाहर जाने की उनकी इच्छा नहीं हुई। लोभ और भय, दोनों

ओर से अपने दोनों हाथ फैलाकर उन्हें अपनी तरफ़ खींच रहे थे। इसी तरह रात बीत गई।

दूसरे दिन, दिन में भी ठन-ठन की आवाज़ सुनाई पड़ रही थी। नौकर को कमरे में न घुसने देकर वे बाहर ही खाना खा आए। खाना खाने के बाद कमरे में जाकर उन्होंने अन्दर से चाभी लगा दी।

भगवान का नाम लेकर उन्होंने गड्ढे पर से अपना बिस्तर हटा लिया। पानी की छल-छल और किसी धातु की ठन-ठन की आवाज़ साफ़ सुनाई देने लगी।

डरते-डरते उन्होंने गड्ढे के अंदर झाककर देखा, नीचे तहख़ाने में पानी बह रहा था। अंधेरे में अधिक कुछ दिखाई नहीं पड़ा।

उन्होंने एक बड़ी-सी लाठी उतारकर देखा कि पानी घुटने से अधिक नहीं है। एक दियासलाई और दीया लेकर वह तहख़ाने में बड़ी आसानी से कूद पड़े। दीया जलाते समय उनका हाथ कांप रहा था कि कहीं पल-भर में उनकी सारी आशाएं झूठी न हो जाएं। दियासलाई की कई तीलियां बर्बाद कर ही वह दीया जला पाएं।

उन्होंने देखा, लोहे की मोटी ज़ंजीर से एक तांबे का कलश बंधा था। पानी की लहर जब बढ़ती थी और ज़ंजीर के साथ कलश को धक्का लगता था, तो ठन-ठन की आवाज़ होती थी।

वैद्यनाथ ने पानी में छप-छप करते हुए कलश को पास से देखा। कलश ख़ाली था।

उन्हें फिर भी अपनी आंखों पर विश्वास नहीं हो रहा था। वह दोनों हाथों से कलश पकड़कर झकझोरने लगे। अंदर बिल्कुल ख़ाली था। उन्होंने कलश को उलट कर देखा, पर उसमें से कुछ नहीं गिरा। कलश का मुंह टूटा हुआ था। लगा, कभी इसका मुंह पूरी तरह से बन्द था, पर बाद में किसी ने तोड़ दिया था।

इसके बाद वैद्यनाथ पानी के अंदर दोनों हाथों से पागलों की तरह कुछ ढूंढ़ने लगे। कीचड़ के अंदर किसी चीज़ पर उनका हाथ पड़ा। उन्होंने उठाकर देखा, तो मनुष्य की खोपड़ी थी। वह उसे भी कानों

के पास लाकर झकझोरने लगा। उसके अंदर भी कुछ नहीं था। उन्होंने उसे उठाकर फेंक दिया। उन्होंने उस तहख़ाने में बहुत कुछ ढूंढा पर मुर्दे की हड्डियों के सिवा उसमें और कुछ भी नहीं मिला।

वैद्यनाथ ने देखा, दीवार एक जगह से टूटी हुई थी। वहीं से तहख़ाने में पानी घुस रहा था। उनके पहले ही, जिस व्यक्ति के भाग्य में दैवी-धन प्राप्ति का योग था, वह इसी टूटी दीवार से होकर सारा धन ले गया था।

अनंत में पूरी तरह से हताश होकर वैद्यनाथ ने 'मां' कहकर एक दिल को छू लेने वाली लंबी सांस ली। यह सांस मानो अतीत काल के और भी अनेक हताश आदमियों की सांसों से मिलकर बड़ी गम्भीरता के साथ पाताल में गुंजित हो उठी।

सारे शरीर में पानी और कीचड़ से लथपथ होकर वैद्यनाथ तहख़ाने में ऊपर उठ आए।

भरी-पूरी कोलाहलमय दुनिया उनकी आंखों में बिल्कुल झूठी और ज़ंजीर में बंधे टूटे हुए कलश की तरह ही सूनी लगने लगी। फिर सामान बांधना पड़ेगा, टिकट ख़रीदना होगा, ट्रेन पर चढ़ना होगा, घर लौटना पड़ेगा, पत्नी के साथ तू-तू मैं-मैं होगी, जीवन का बोझ प्रतिदिन ढोना पड़ेगा – ये बातें उन्हें बहुत ख़राब लगीं। इच्छा हुई कि नदी के पुराने टूटे किनारे की तरह टूटकर वह भी झप-से पानी में गिर पड़ें।

लेकिन फिर भी सारा सामान बांधना पड़ा, टिकट भी खरीदना पड़ा और रेलगाड़ी पर चढ़कर घर के लिए रवाना भी होना पड़ा।

और फिर जाड़े की एक शाम वह घर के दरवाज़े पर जाकर खड़े हो गए। क्वार के महीने में शरद ऋतु की सुबह में, घर के दरवाज़े के पास बैठकर वैद्यनाथ ने अनेक परदेस में रहने वाले लोगों को घर लौटते हुए देखा था, और लंबी सांस लेकर मन-ही-मन परदेस से घर लौटने के सुख के लिए लालायित भी हो उठे थे। उन दिनों आज की शाम की बात की वह कल्पना भी नहीं कर सकते थे।

घर लौटकर आंगन में रखे लकड़ी के पट्टे पर बेवक़ूफ़ की भांति

वह बैठे रहे। घर के अंदर नहीं गए। सबसे पहले घर की नौकरानी ने उन्हें देखा और ख़ुशी से शोर मचाने लगी। लड़के दौड़े आए, और पत्नी ने उन्हें अंदर बुलवाया।

वैद्यनाथ का नशा जैसे दूर हो गया, अपनी पुरानी गृहस्थी पाकर वह फिर से जाग उठे हैं। उदास चेहरे पर मलिन हंसी लिये, छोटे लड़के को गोद में और दूसरे लड़के का हाथ पकड़कर वह घर के अंदर आए। उस समय घर में दीया जल चुका था। रात अभी हुई नहीं थी, फिर भी जाड़े की शाम रात की तरह निस्तब्ध बनी हुई थी।

थोड़ी देर तक वैद्यनाथ कुछ बोले नहीं। उसके बाद धीरे-से पत्नी से पूछा, "कैसी हो?" पत्नी उनके प्रश्न का कोई जवाब न देकर बोली, "वहां क्या हुआ?" वैद्यनाथ ने इसके जवाब में माथा पीटकर इशारे से समझाया, यह देखकर मोक्षदा का चेहरा गंभीर होकर कठोर हो गया।

बच्चे किसी बड़ी अनहोनी की छाया देखकर धीरे-धीरे वहां से खिसक गए। नौकरानी के पास जाकर बोले, "हज्जाम की जो कहानी सुना रही थी, सुना।" यह कहकर वे बिस्तर में जाकर सो गए।

रात बढ़ने लगी। दोनों में से किसी की ज़बान नहीं खुल रही थी, पर सारा घर डरावना-सा लग रहा था। मोक्षदा के होंठ मानो सिल गए थे।

काफ़ी देर बाद मोक्षदा बिना कुछ कहे वहां से उठी और सोने के कमरे में जाकर अंदर से दरवाज़ा बंद कर लिया।

वैद्यनाथ चुपचाप बाहर ही खड़े रहे। चौकीदार रात के पहरे पर आवाज़ें लगाता हुआ निकल गया। थकी-हारी दुनिया गहरी नींद में सो गई – अपने लोगों से लेकर अनन्त आकाश के नक्षत्र तक किसी ने भी इस कलंकित रात-भर जगे व्यक्ति से एक बात तक नहीं पूछी।

बहुत रात गए शायद किसी सपने से जगकर वैद्यनाथ के बड़े बेटे ने बिस्तर से उठ बरामदे में आकार पुकारा, "पिता जी।" पर उस समय उसके पिता जी वहां नहीं थे।

लड़के ने पहले से भी तेज़ आवाज़ में दरवाज़े के बाहर से ही पुकारा, "पिता जी।"

पर कोई उत्तर नहीं मिला।

वह डरकर दोबारा बिस्तर में जाकर सो गया।

पहले के नियम के अनुसार नौकरानी सुबह हुक़्क़ा तैयार कर वैद्यनाथ को देने आई, पर वैद्यनाथ कहीं नहीं दिखाई पड़े। दिन चढ़ने पर पड़ोसी लोग घर लौटे हुए दोस्त से मिलने आए, पर वैद्यनाथ के साथ उनकी मुलाक़ात नहीं हो पाई।

इच्छा-पूर्ति

सुबलचन्द्र के बेटे का नाम था सुशीलचन्द्र। लेकिन नाम के साथ हमेशा आदमी का मेल नही बैठता। सुबलचन्द्र बहुत कमज़ोर थे और सुशीलचन्द्र बिल्कुल भी सुशील नहीं था।

इस लड़के ने पूरे मुहल्ले वालों को तंग कर रखा था। सुबलचन्द्र उसे डांटने-धमकाने के लिए लड़के के पीछे-पीछे दौड़ते थे, पर उनके पैरों में वातरोग था और लड़का हिरण की गति से भाग सकता था। इसलिए सुबलचन्द्र के थप्पड़ और मुक्के लड़के की पीठ पर हर बार यथास्थान नहीं पड़ पाते थे, पर जिस दिन सुशीलचन्द्र बाप की पकड़ में आ जाता था, उसकी ख़ैर नहीं रहती थी।

उस दिन शनिवार था। दोपहर के दो बजे ही छुट्टी होने वाली थी, पर आज सुशीलचन्द्र का स्कूल जाने का मन नहीं था। उसके कुछ कारण भी थे। एक तो आज स्कूल में भूगोल की परिक्षा थी और फिर दूसरी ओर उस मुहल्ले के बोस बाबू के घर शाम को पटाखे छोड़े जाने वाले थे, इसलिए वहां सुबह से ही धूम मची थी। सुशील बहुत सोच-विचार के बाद स्कूल जाने के समय सुशील बिस्तर पर लेट गया। उसके पिता सुबल ने जाकर पूछा, "क्यों, बिस्तर में कैसे पड़ा है? स्कूल नहीं जाएगा?"

सुशील बोला, "पेट में दर्द हो रहा है। आज मैं स्कूल नहीं जा सकता।"

सुबल समझ गए कि लड़का झूठ बोल रहा है। वह मन-ही-मन बोले, 'रुको, आज मैं तुम्हें सबक सिखाता हूं।' पर प्रकट रूप में बोले, "पेट में दर्द हो रहा है, तो फिर आज तुम्हें कहीं जाने की आवश्यकता नहीं। बोस बाबू के घर पटाखेबाज़ी देखने के लिए हरि को अकेले ही भेज दूंगा। तेरे लिए आज लेमनचूस ख़रीदकर लाया था, उसे भी खाना ठीक नहीं रहेगा। तू अभी चुपचाप सोया रह, मैं तेरे लिए काढ़ा बनाकर लाता हूं।"

इतना कहकर वह बाहर से दरवाज़े पर सिटकनी चढ़ाकर कड़वा काढ़ा बनाने के लिए चल पड़े। सुशील बड़ी मुश्किल में पड़ गया। लेमनचूस वह बेहद पसंद करता था और काढ़ा पीने में उसकी जान जाती थी और बोस बाबू के घर जाने के लिए तो उसका मन कल रात से ही छटपटा रहा था। कहीं वहां जाना भी न रुक जाएं

सुबल बाबू जब बड़े से एक कटोरे में काढ़ा बनाकर ले आए, तब सुशील धड़धड़ाकर बिस्तर से उठ बैठा। बोला, "मेरा पेट-दर्द ठीक हो गया है। मैं आज स्कूल जाऊंगा, पिता जी।"

सुबल बोले, "नहीं-नहीं, आज स्कूल मत जाना। काढ़ा पीकर तू यहीं चुपचाप सो जा।" यह कहकर ज़बर्दस्ती सुशील को काढ़ा पिलाकर उसे सुला दिया और बाहर से कमरे में ताला लगाकर निकल गए।

बिस्तर में पड़ा-पड़ा सुशील पूरे दिन सोता रहा और मन-ही-मन सोचता रहा, 'अगर कल ही मेरी उम्र पिता जी के समान हो जाए, तो मेरी मर्ज़ी में जो आए, मैं कर सकूंगा, कोई मुझे रोक नहीं सकेगा।'

उधर सुशील के पिता सुबल बैठे-बैठे सोच रहे थे, 'मेरे मां-बाप ने बड़ा लाड़-प्यार दिया था, जिस कारण मैं अच्छी तरह पढ़-लिख नहीं सका। अहा! अगर बचपन फिर लौट आए, तो समय बर्बाद न कर मैं लिखने-पढ़ने में ध्यान लगाऊंगा।'

इच्छाओं की देवी ठीक उसी समय कमरे के बाहर से गुज़र रही थी। आप और बेटे, दोनों के मन की इच्छा जानकर उसने सोचा, क्यों न थोड़े दिनों के लिए इन दोनों की इच्छा पूरी कर दी जाए।

इच्छा की देवी ने बाप से जाकर कहा, "तुम्हारी मन की इच्छा पूरी होगी। कल से तुम्हें तुम्हारे लड़के की उम्र मिल जाएगी," और लड़के से जाकर बोली, "बेटे, कल से तुम अपने पिता की उम्र पा सकोगे।" यह सुनकर बाप-बेटे दोनों ही बहुत प्रसन्न हुए।

बूढ़े सुबलचन्द्र को रात में अच्छी तरह नींद नहीं आती थी। सुबह उनकी आंख लग जाती थी। पर आज सुबह होते ही वह छलांग लगाकर बिस्तर से उठ पड़े। उन्होंने देखा, वह बहुत छोटे हो गए हैं। जो दांत गिर पड़े थे, फिर निकल आए हैं, चेहरे से दाढ़ी-मूंछ सब ग़ायब हैं। रात को वह जो धोती-कुर्ता पहनकर सोए थे, सुबह वह इतने ढीले हो गए थे कि कमीज़ की आस्तीन ज़मीन छू रही थी, कुर्ते का गला छाती पर उतर आया था। धोती इतनी लटक रही थी कि चलना मुश्किल था।

हमारा सुशीलचन्द्र और दिन सुबह उठकर चारों ओर दुष्टता करता फिरता था, पर आज सुबह उसकी नींद ही नहीं समाप्त हो रही थी। जब अपने बाप सुबलचन्द्र के शोरगुल से नींद टूटी, तो देखा कि कपड़े-लत्ते शरीर से इतने जकड़ गए हैं कि फटने वाले हैं, सारा शरीर बढ़ गया है। उसके शरीर पर ख़ूब घने बाल थे। जब उसने सिर पर हाथ फेरकर देखा, तो सिर के सामने की ओर के बाल ही नहीं थे। साफ़ चांद चमक रही थी।

आज सुबह सुशीलचन्द्र बिस्तर छोड़ना ही नहीं चाह रहा था। कई बार चुटकिया बजाकर, जम्हाई लेकर करवटें बदलता रहा, पर बाद में पिता सुबलचन्द्र के हो-हल्ला मचाने पर गुस्सा होकर उठ ही गया।

बाप-बेटे दोनों की इच्छा तो पूरी हो गई, पर एक कठिनाई आ खड़ी हुई। मैंने पहले ही कहा था, सुशीलचन्द्र मन-ही-मन सोचता था कि वह अगर अपने पिता सुबलचन्द्र की तरह बड़ा और स्वतंत्र हो जाए, तो अपनी मर्ज़ी के अनुसार पेड़ पर चढ़कर, पानी में कूदकर, कच्चे आम चबाकर, चिड़ियों के बच्चे पकड़कर सारे गांव में घूमता फिरेगा। जब मर्ज़ी होगी, घर पर लौटकर जो मर्ज़ी खाएगा, कोई टोकने वाला नहीं रहेगा। पर ताज्जुब की बात तो यह थी कि उस दिन सुबह उठकर

पेड़ पर चढ़ने का उसका मन ही नहीं हुआ। गन्दे तालाब को देखकर उसे लगा, उसमें छलांग लगाने से कंपकंपी के साथ बुख़ार आ जाएगा। बरामदे में चटाई बिछाकर वह चुपचाप कुछ सोचता रहा।

एक बार तो उसे लगा कि खेलना-वेलना बिल्कुल छोड़ देना ठीक नहीं रहेगा। एक बार कोशिश की जाए। यह सोचकर सामने ही आंवले के एक पेड़ पर उसने चढ़ने की बड़ी कोशिश की। कल तक जिस पेड़ पर वह गिलहरी की तरह सट-से चढ़ जाता था, आज बूढ़े शरीर से उस पर थोड़ा भी नहीं चढ़ सका। पेड़ के नीचे की एक टहनी पकड़कर लटकने के साथ ही शरीर के भार से वह टहनी टूट गई और बूढ़ा सुशील धम्म से ज़मीन पर गिर गया। सामने ही सड़क पर से कई लोग आ-जा रहे थे। वे एक बूढ़े को बच्चें की तरह पेड़ पर चढ़ते देखकर हंस-हंसकर लोट-पोट होने लगे। सुशीलचन्द्र शर्मा दोबारा बरामदे में बिछाई चटाई पर आकर बैठ गया और नौकर से बोला, "अरे ओ, बाज़ार से एक रुपये के लेमनचूस ख़रीद कर ला दे।"

सुशीलचन्द्र को लेमनचूस का बड़ा लालच था। स्कूल जाते समय सड़क के दोनों किनारे हमेशा तरह-तरह के बोतलों में सजाए हुए रंग-बिरंगे लेमनचूस वह देखता था। दो-चार पैसे जो भी हाथ में रहते, उनसे लेमनचूस ख़रीदकर खाया करता था। उस समय वह सोचता था कि जब पिता जी एक रुपये के बहुत सारे लेमनचूस ख़रीदकर ला दिए, तो उनमें से एक उठाकर सुशीलचन्द्र अपने बिना दांत वाले मुंह में डालकर चूसने लगा, पर बूढ़े के मुंह में लेमनचूस अच्छा नहीं लग रहा था। एक बार उसके दिमाग़ में यह बात भी आई कि क्यों न अपने छोटे बाप को लेमनचूस खाने के लिए कहा जाए। तुरन्त मन में यह भी आया कि नहीं, इतने सारे लेमनचूस खाकर कहीं वह बीमार न पड़ जाए।

कल तक जिन बच्चों ने सुशीलचन्द्र के साथ कबड्डी खेली थी, आज बूढ़े सुशीलचन्द्र को देखते ही भाग खड़े हुए।

सुशील ने सोच रखा था, अपने बाप की तरह स्वतंत्र होने पर वह

अपने दोस्तों के साथ सारे दिन डू-डू-डू कर कबड्डी खेलता रहेगा। पर आज राखाल, गोपाल, अक्षय, निवारण, हरीश और नन्द को देखकर वह मन-ही-मन गुस्सा हो गया। सोचा, 'चुपचाप आराम से बैठा हूं, अभी से छोकरे आकर शोरगुल करेंगे।'

मैंने पहले ही आप लोगों को बताया था कि पिता सुबलचन्द्र हमेशा बरामदे में चटाई बिछाकर बैठे-बैठे यही सोचते, 'जब मैं छोटा था, शैतानी में अपना सारा समय बर्बाद कर दिया था। यदि बचपन के दिन लौट आएं, तो सारे दिन मैं अच्छा बच्चा बनकर कमरे का दरवाज़ा बन्द कर सिर्फ़ पढ़ूंगा-लिखूंगा। यहां तक की शाम को दीया बुझाकर दादी मां की कहानी बन्द कर, दीया जलाकर रात को दस-ग्यारह बजे तक पढ़ाई-लिखाई किया करूंगा।'

पर बचपन लौटने पर सुबलचन्द्र का स्कूल जाने का मन ही नहीं हो रहा था।

सुशील क्रोधित होकर आकर कहता, "पिता जी, आप आज स्कूल नहीं जाएंगे?" और सुबल सिर झुकाकर माथा खुजलाकर कहते, "आज मेरे पेट में बड़ा दर्द हो रहा है, स्कूल नहीं जा सकूंगा।" सुशील क्रोधित होकर बोलता, "कैसे नहीं जाओगे? स्कूल जाने के नाम पर इस तरह से मेरे पेट में भी कई बार दर्द हुआ है। मैं यह सब ख़ूब जानता हूं।"

वास्तव में सुशील स्कूल न जाने या स्कूल से भागने के इतने सारे उपाय जानता था कि उसके सामने नई तरकीब ढूंढ़ लेना सुबलचन्द्र के वश की बात नहीं थी। सुशील ज़बर्दस्ती अपने छोटे से बाप को स्कूल भेजने लगा। स्कूल से लौट आने पर सुबल थोड़ी देर खेलकूद के लिए बेचैन हो जाता, पर ठीक उसी समय बूढ़ा सुबलचन्द्र आंखों पर चश्मा चढ़ाकर रामायण का पाठ बड़े सुरीले ढंग से गाने के लिए बैठता। सुबल के धूम-धड़ाके से उनके पढ़ने में बाधा पहुंचेगी, इसलिए सुबल को वह ज़बर्दस्ती सामने बैठाकर हाथ में प्लेट पकड़ाकर गणित का हल निकालने के लिए कहता। सवाल भी इतने कठिन और लंबे-चौड़े देता कि एक का हल निकालने में ही उसके बाप का एक घंटा समय

चला जाता। शाम को बूढ़े सुशील के कमरे में बहुत सारे बूढ़े मिलकर शतरंज खेलते। उस समय सुबल को चुप रखने के लिए सुशील ने उनके लिए एक मास्टर भी रख दिया। वह मास्टर सुबल को रात के दस बजे तक पढ़ाता था।

खाने के मामले में भी सुशील बड़ा कड़ा निकला, क्योंकि उसके पिता सुबल जब बूढ़े थे, तो उन्हें खाना अच्छी तरह पचता नहीं था। थोड़ा ज़्यादा खाने से ही खट्टी डकारें आती थीं – सुशील को ये बाते अच्छी तरह याद थीं, इसलिए वह अपने बाप को किसी भी हालत में अधिक खाना नहीं देता था। पर एकाएक कम उम्र पाने पर उन्हें इतनी भूख लगती थी कि पत्थर भी मिलने पर वह पचा सकते थे। सुशील उन्हें जितना खाने के लिए देता, भूख के मारे वह उतना ही परेशान हो जाते। अन्त में वह इतने दुबले हो गए कि सूखी हड्डी-पसलियां दिखाई देने लगीं। सुशीलचन्द्र ने सोचा, उसके बाप को अवश्य कोई बड़ी बीमारी लग गई है, इसलिए वह उन्हें दवा पर दवा पिलाने लगा।

इधर बूढ़ा सुशील भी परेशान था। वह अपनी आदतों के अनुसार जो भी कुछ करना चाहता था, उसे सहन नहीं होता था। पहले कहीं किसी मुहल्ले में ड्रामा, गाना या नौटंकी होने पर, चाहे बरसात का मौसम हो या सर्दी का, वह घर से भागकर वहां अवश्य पहुंच जाता था। आज का बूढ़ा सुशील वही करने गया, तो उसे सर्दी जुकाम, खांसी हो गई। सारे बदन में दर्द हो गया। सिर भारी हो गया। तीन हफ़्ते तक वह बिस्तर पर पड़ा रहा। वह पहले हमेशा तालाब में नहाता था। पर आज जब नहाने लगा, तो हाथ-पैरों की गांठें सूज गईं। वात रोग ने ज़ोर पकड़ लिया और उसकी चिकित्सा में छह महीने लग गए। उसके बाद वह हर दो-तीन दिन बाद गर्म पानी में नहाने लगा। वह सुबल को भी किसी भी हालत में तालाब में नहाने के लिए नहीं जाने देता। पहले की आदत के अनुसार सुशील कभी-कभी जब पलंग पर से छलांग लगाकर उतरने लगता, तो उसकी हड्डियां चटख उठतीं। मुंह में पूरा पान रखता, तो ख़याल आता कि दांत तो हैं ही नहीं, पान कैसे

चबाऊंगा? भूलकर कभी कंघी और ब्रश लेकर बाल संवारने जाता, तो देखता कि बिल्कुल गंजा है। कभी-कभी वह भूल जाता था कि वह अपने बाप की उम्र पाकर बूढ़ा हो गया है, और इस भूल के कारण पहले की ही तरह जब वह दुष्टता से मुहल्ले की आनन्दी बुआ के पानी से भरे हुए गगरे में ईंट फेंककर ठन से मारता, तो बूढ़े की इस तरह की बचकानी हरकत को देखकर लोग मारने दौड़ते और वह भी शरमाकर कहां छिपे, समझ नहीं पाता।

सुबलचन्द्र भी अक्सर भूल जाते कि वह बच्चा बने हुए हैं। अपने को पहले की ही तरह बूढ़ा समझकर जहां बड़े-बूढ़े ताश या शतरंज खेलते, वहीं जाकर बैठ जाते और बूढ़ों की ही तरह बातें करते। यह सुनकर सभी उन्हें 'जा, जा खेलने के लिए भाग, बड़ा बोलने के लिए आया है बड़े-बूढ़ों के बीच' कहकर कान पकड़कर उन्हें भगा देते। सुबलचन्द्र कभी-कभी भुलकर अपने मास्टर से कह बैठते, "ज़रा तम्बाकू इधर भी लाना, थोड़ा मैं भी पी लूं।" यह सुनकर मास्टर उन्हें बेंच पर एक पैर पर खड़ा कर देता।

कभी सुबल हज्जाम के पास जाकर कहते, "अरे बेटा, कई दिनों से तू हज्जाम करने के लिए इधर नहीं आया, क्यों?" तो हज्जाम सोचता, 'इत्ता-सा छोकरा, वह भी मसखरी करता है।' सुबल के जवाब में हज्जाम कहता, "दस साल के बाद आया करूंगा।"

फिर किसी दिन पहले की आदत के मुताबिक़ सुबल अपने बेटे सुशील को जाकर मारते, तो सुशील बहुत नाराज़ होकर कहता, "पढ़-लिखकर यही तुम्हारी बुद्धि है?. रत्ती-भर का लड़का, बूढ़े पर हाथ उठाता है?" बस चारों तरफ़ से लोग इकट्ठा हो जाते। कोई उसे डांट-डपट देता, कोई उसके गाल पर थप्पड़ जड़ देता।

अब सुबलचन्द्र एकाग्र मन से प्रार्थना करने लगे, "आह, अगर मैं अपने लड़के सुशील की तरह बूढ़ा और स्वतंत्र हो जाऊं, तो जान में जान आ जाए।"

सुशील भी प्रतिदिन हाथ जोड़कर कहने लगा, "हे भगवान, मुझे मेरे

बाप की तरह छोटा बना दो, ताकि चैन से खेल-कूद करता फिरूं।

पिता जी जिस तरह से शैतानियां करते फिर रहे हैं, मैं अब उन्हें और नहीं संभाल सकता। हमेशा चिन्ता बनी रहती है।"

तब इच्छा की देवी आकर बोली, "क्यों, तुम लोगों का शौक़ पूरा हो गया?"

बाप-बेटे दोनों ही साष्टांग प्रणाम कर बोले, "दुहाई मांगते हैं देवी। हमारा शौक़ मिट चुका है, अब पहले जो जैसा था, वैसा ही बना दो।"

इच्छा की देवी बोली, "ठीक है, कल सुबह उठकर अपने को वैसा ही पाओगे।"

दूसरे दिन सुबह सुबलचन्द्र पहले की तरह बूढ़े और सुशीलचन्द्र लड़का बनकर नींद से जगे। दोनों को ही लगा, जैसे वे स्वप्न से जाग उठे हों। सुबल भारी आवाज़ में बोले, "सुशील, व्याकरण का पाठ याद नहीं करोगे?" सुशील सिर खुजलाकर बोला, "पिता जी, मेरी किताब खो गई है।"

हिन्द पॉकेट बुक्स और फुल सर्कल आत्म-विकास, धर्म, अध्यात्म, स्वास्थ्य आदि आन्तरिक और बाहरी जीवन से सम्बन्धित विषयों पर पुस्तकें प्रकाशित करते हैं। हमारा मुख्य उद्देश्य एक स्वस्थ और शान्तिपूर्ण विश्व की संरचना में अपनी भूमिका को सकारात्मक ढंग से निभाना है। पुस्तकें अनमोल होती हैं और इनका कोई सानी भी नहीं होता।

हिन्द पॉकेट बुक्स / फुल सर्कल

जे-40, जोरबाग़ लेन, नई दिल्ली-110003

फ़ोन : +011-24620063, 24621011 फैक्स : 24645795

e-mail: sales@hindpocketbooks.in

website: www.hindpocketbooks.in

सेल्स ऑफिस

ई-14, सेक्टर नं. 11, नोएडा - 201301

फ़ोन : 0120-4162707, 4163707, 9015664264

ई-मेल : sales@hindpocketbooks.in